Venezuela

Ensayo sobre la descomposición

Venezuela

Ensayo sobre la descomposición

JOSÉ NATANSON

Papel certificado por el Forest Stewardship Council®

Primera edición: enero de 2025

© 2024, Penguin Random House Grupo Editorial, S.A.
Humberto I 555, Buenos Aires
© 2024, Penguin Random House Grupo Editorial, S. A. U.
Travessera de Gràcia, 47-49. 08021 Barcelona

Penguin Random House Grupo Editorial apoya la protección de la propiedad intelectual. La propiedad intelectual estimula la creatividad, defiende la diversidad en el ámbito de las ideas y el conocimiento, promueve la libre expresión y favorece una cultura viva. Gracias por comprar una edición autorizada de este libro y por respetar las leyes de propiedad intelectual al no reproducir ni distribuir ninguna parte de esta obra por ningún medio sin permiso. Al hacerlo está respaldando a los autores y permitiendo que PRHGE continúe publicando libros para todos los lectores. De conformidad con lo dispuesto en el artículo 67.3 del Real Decreto Ley 24/2021, de 2 de noviembre, PRHGE se reserva expresamente los derechos de reproducción y de uso de esta obra y de todos sus elementos mediante medios de lectura mecánica y otros medios adecuados a tal fin. Diríjase a CEDRO (Centro Español de Derechos Reprográficos, http://www.cedro.org) si necesita reproducir algún fragmento de esta obra.

Printed in Spain – Impreso en España

ISBN: 978-84-19951-96-0
Depósito legal: B-19.198-2024

Impreso en Rodesa
Villatuerta (Navarra)

C 9 5 1 9 6 0

Para Rosi

Índice

Introducción 13
   Algunas ideas antes de comenzar 21

Parte I
El subsuelo de todo.
Rentismo y crisis económica

1. Petróleo y Estado mágico 29

   ¿Qué es el rentismo? 32
   Los laberintos del Estado mágico 38
   Una política negro alquitrán 40

2. El colapso de la economía 45

   Todas las causas de la crisis 46
   Siempre el dólar 50
   El desenlace 52

3. La dolarización como salida 59

   El lento camino a la dolarización 61
   La economía ilegal y el colapso del Estado 64

4. El socialismo de la desigualdad 71

   El país que ya no es 77

Parte II
El sinuoso camino de la desdemocratización.
Política y elecciones

5. El día que Venezuela dejó de ser una democracia 81

   Un día todo comenzó a torcerse 84
   El giro autoritario 91
   Maduro y Chávez 97

6. Venezuela como autoritarismo caótico 101

   Cuánto de Chávez hay en Maduro 108
   Autoritarismo por vía del caos 112

7. Militares y derechos humanos 121

   ¿Hasta dónde llega la represión? El Informe Bachelet . . 127

8. ¿Por qué la oposición no llegó al poder
   (aunque lo acarició un par de veces)? 133

   Hablemos de porcentajes 140

Parte III
El socialismo más loco del mundo.
Venezuela en la escena internacional

9. Del fantasma de una invasión a los nuevos aliados 145

　Todos los socios de Venezuela 151
　Romper el aislamiento 154

10. Ayer un faro ideológico, hoy un pesado adoquín
　simbólico. Venezuela para la izquierda latinoamericana 159

　La segunda ola: Chávez tenía razón 162
　Venezuela en la tercera ola de la izquierda 165

11. Cuando el socialismo se convierte en una mueca 171

　El socialismo como antojo del líder 175

Epílogo 181
Gracias 187

Introducción

Un océano terracota, como una ola gigante formada por cientos de miles de casas construidas con ladrillos sin revocar, veteado de verde, las grietas por donde se escapa obstinada la vegetación tropical, y salpicado por los círculos azules de los tanques de agua y los puntos grises más chiquitos de las antenas de la televisión satelital. Hasta donde alcanza la vista se puede observar este laberinto interminable de casas precarias encaramadas sobre la ladera del monte, con sus escaleras endiabladas de recorridos largos, una curva y una contracurva y luego otra, y a veces espacios planos como mesetas, que funcionan a la manera de nodos comerciales surcados, debajo de las sogas de ropa secándose al sol y los mil cables de los colgados a la luz, por cientos de negocios en las ramas más diversas: venta de empanadas, productos de aseo y limpieza, repuestos para autos —el parque automotor está muy envejecido y obliga a la magia restauradora de la mecánica—, barberías, "despachos de abogados", lotería, arepas al paso, panaderías, puestos de venta de frutas y verduras de todos los colores que ofrecen "combos" por un dólar —una bolsa de plástico que contiene yuca, pepino, cebollas, papas, medio repollo blanco, maíz y un atadito de condimento—, juguetes para los chicos, crocs usadas prolijamente clasificadas por número, cogotes de pollo para hacer caldo, chuletas de cerdo y carne de res que se ofrecen directamente sobre tablones sin refrigeración, cuyo vendedor espanta las moscas con una especie de plumero pequeño, y un poco más allá, en los mismos tablones sin frío, pescado. El apuro inexplicable de los vendedores compite con las motos que esquivan con habilidad de Fórmula 1 a las personas, las tiendas y los árboles, que crecen con voluptuosidad caribeña en los lugares más insólitos, en el ángulo que forman la vereda y una pared, detrás de un poste de luz, en un bache al costado del camino. Cada treinta metros, a dos dólares el litro, se ofrecen las botellas de Empresario, un ron popular que reemplazó al cocuy de penca, una de las tantas "gasolinas de avión", destilados caseros que se habían popularizado durante los momentos de mayor escasez, cuando faltaba la caña para fabricar ron, y que se vendían con el sistema de "recarga": llevabas tu vaso y te lo llenaban directamente de un tanque, con la consecuencia de una crisis de intoxicación que produjo varios muertos. A la entrada del barrio, jeeps viejos estacionados en filas, los únicos con la tracción suficiente para subir las cuestas más empinadas; una farmacia de la Aviación Militar Bolivariana; dos tanquetas de la Guardia Nacional —"para disuadir", me aclaran— y pequeñas mesas bajas que alquilan celulares para llamadas —cobran por minuto—. Conforme uno va ascendiendo, el panorama, como en las favelas brasileñas, se vuelve más y más pobre, aunque siguen siendo casi todas casas de ladrillo y cemento con techo de chapa, viviendas más consolidadas que las precarias construcciones de las villas y asentamientos en los conurbanos llanos de la Argentina. Aparecen las montañas de basura apiladas en las esquinas, a la espera de que el servicio de recolección pase con palas mecánicas a cargarlas en un camión. Y se ven los primeros "gariteros", centinelas de las bandas criminales.

Introducción

Antigua zona de residencia de los indígenas mariches, que la llamaban "de cara al río" por su ubicación frente al Guaire, Petare fue durante la colonia el nodo de las rutas que conectaban el valle de Caracas con el oriente del país, y más tarde, una zona de producción de azúcar, cacao, tabaco, añil y, luego, café.

Los migrantes fueron llegando poco a poco durante el siglo XX, como parte del acelerado proceso de modernización y urbanización que atravesó el país, provenientes de los estados andinos más pobres, de Europa, sobre todo españoles y portugueses, y de Colombia, a tal punto que hacia los años noventa se calculaba que la mitad de los habitantes de Petare correspondía a colombianos o hijos de colombianos.

La irrupción de Hugo Chávez produjo una ebullición en el barrio, que se abrazó al comandante como pocos lugares de Venezuela, pero hoy la política parece ausente, y solo se ve en los puestos de servicios de la municipalidad. Con una población que el Instituto Nacional de Estadísticas calcula en 448.000 personas amontonadas en 40 kilómetros cuadrados, Petare compite con Rocinha, en Río de Janeiro, por el título de la favela más grande de América Latina.

Dos cuestiones organizan la vida del barrio. La primera es la inseguridad, y la segunda, el agua.

Las redes criminales controlan partes enteras de la zona. Organizan el comercio cobrándoles una tasa ("vacuna") a comerciantes y puesteros, se ocupan del microtráfico de drogas y se diversifican hacia otros rubros. Por ejemplo, cuentan con pequeños ejércitos de personas que revuelven la basura en busca de cobre, bronce y hojalata, que reciclan y venden. La expansión criminal es parte del proceso más general de aumento de la inseguridad que comenzó antes de la llegada de Chávez al gobierno, con la crisis socioeconómica de los años ochenta, pero que se acentuó durante la etapa bolivariana, a veces como consecuencia de decisiones intempestivas. Después del fallido intento de golpe de 2002, por ejemplo, Chávez distribuyó armas en los barrios populares con el objetivo de preparar frentes de autodefensa para el caso de que se produjera un nuevo *punch*. Pero las armas son como los diamantes, viven cien años, y se fueron reciclando, vendiendo y revendiendo, y hoy circulan masivamente. Con el paso del tiempo y el aumento de la pobreza y la desigualdad, la inseguridad se agudizó. En 2018, en el peor año de la crisis económica, Petare registró una tasa de 112 asesinatos cada 100.000 habitantes, más que el promedio de Caracas, que ya era —con 91 homicidios cada 100.000 personas—[1] la ciudad con más muertes violentas del mundo. Esto ubicó a Petare en un lugar único: el barrio más peligroso de la ciudad más peligrosa del planeta.[2]

Para enfrentar el problema, el gobierno lanzó el plan Patria Segura, que buscaba crear "zonas de paz", es decir, lugares adonde la policía no entraba y en los que las bandas podían actuar más o menos a su antojo, a cambio de terminar con los secuestros y los asesinatos. En este marco se creó el movimiento "El hampa quiere cambiar" —así, literalmente, se llamaba—, un intento por entablar un diálogo con las organizaciones delictivas que a cambio de entregar sus armas se insertarían en programas socioproductivos financiados por el Estado; algunos de sus líderes incluso viajaron a Cuba como parte de este proyecto de reinserción. Pero las "zonas de paz" se transformaron en zonas liberadas, que las bandas usaron como retaguardia para articularse con otros grupos y proyectar su

---

1. https://observatoriodeviolencia.org.ve/news/en-petare-la-violencia-arrasa-con-la-poblacion-mas-joven/#:~:text=El%20Observatorio%20Venezolano%20de%20Violencia,zonas%20m%C3%A1s%20violentas%20del%20mundo

2. En Rosario, por buscar una comparación, la tasa fue de 22 en su peor marca. https://www.lanacion.com.ar/seguridad/la-mas-sangrienta-rosario-cierra-el-ano-con-una-tasa-de-homicidios-cinco-veces-mayor-que-el-promedio-nid31122023/

Introducción

actividad hacia otras partes de la ciudad. El gobierno respondió con la Operación de Liberación del Pueblo, que consistía básicamente en la ocupación policial de áreas clave, una especie de bukelismo antes de Nayib Bukele, pero la brutalidad de los operativos y la multiplicación de ejecuciones extrajudiciales fueron tales que los mismos habitantes de los barrios que habían reclamado una respuesta del Estado pidieron el retiro de las fuerzas de seguridad. Aunque los delitos han disminuido, en Petare, como en muchas otras zonas de Venezuela, el gobierno disputa con los grupos criminales, que disponen de fusiles de asalto, granadas e incluso ametralladoras,[3] el monopolio del uso de la fuerza.

El agua es un drama de todos los días. El sistema hídrico de Caracas está formado por una serie de embalses y plantas de tratamiento para una posterior distribución a través de tuberías. Eso, en teoría. Sucede que la ciudad se fue construyendo desde la parte más baja del valle hacia arriba, por lo que amplias zonas quedaron ubicadas por encima de la cota, lo que hizo necesario crear un complejo esquema de bombeo de catorce estaciones para elevar el agua, que consume alrededor de un cuarto del total de la energía eléctrica que se utiliza en Caracas.[4] Aunque Venezuela dispone de una de las principales reservas de agua dulce del planeta, el problema es antiguo. De hecho, ahí está la gran crónica que escribió Gabriel García Márquez en 1958, cuando vivía en Caracas, acerca del corte general de suministro el 6 de junio de ese año: las ratas muriendo de sed, los autos recalentados abandonados en mitad de las avenidas y un ingeniero alemán —"con su cerebro perfectamente cuadriculado"— que no puede soportar dejar de afeitarse esa mañana y

---

3. https://eldiario.com/2021/07/10/zonas-de-paz-ayudaron-a-fortalecer-las-megabandas/

4. http://factor.prodavinci.com/porquenohayaguaencaracas/index.html

lo intenta con una gaseosa de limón, pero descubre que el limón corta el jabón, y entonces prueba con durazno.

Aunque a fines de los años noventa, luego de una serie de megaobras de infraestructura, el abastecimiento había logrado normalizarse, la falta de mantenimiento y los apagones lo pusieron nuevamente en crisis. En amplias zonas de Petare, igual que en otras partes del país, el agua de cañería llega solo uno o dos días por semana, puede faltar semanas enteras —o directamente puede no haber cañerías—. Los "ciclos del agua", como llaman a este ir y venir, no siempre están prefijados; en algunos lugares hay agua de lunes a miércoles; en otros, los jueves, y en otros, no se sabe cuándo "viene el agua". Pero la gente se las ingenia. Cuando hay agua, se aprovecha para lavar, y en esos días se ve a los motoqueros llevando lavarropas que se alquilan por hora —tiene sentido: ¿para qué invertir 500 dólares en un aparato que se utilizará solo una o dos veces por semana?—. En Petare la gente se aprovisiona de agua a través de los camiones cisterna: el oficial del Ministerio del Poder Popular de Atención de las Aguas, que pasa de vez en cuando y la ofrece gratis —"Nunca sabemos cuándo va a pasar", me explican—, y los privados, que cobran 30 dólares los 1000 litros y cuentan con una bomba manual que se enciende tirando de un cable, como el motor de una lancha. Los habitantes de Petare conectan su tanque de 500 litros —que puede estar ubicado en el techo de la casa, en el patio e incluso en la cocina o la sala— y lo llenan. O sacan a la calle los "pipones" (grandes tanques cilíndricos) y luego trasladan el agua fraccionada en bidones más chicos hasta el interior (no hace falta explicar la pérdida de tiempo que todo esto supone).

Aunque la falta de agua afecta principalmente a los sectores más pobres, ningún grupo social está al margen. El elegante departamento de Chacao en el que me quedé hace un par de años, ubicado en un edificio con dos ascensores, tres porteros y salón de fiestas, sufría escasez crónica de agua. El dueño había instalado un

INTRODUCCIÓN

tanque auxiliar en el placard del baño, al que había que acordarse de alimentar moviendo una llave todas las noches, a las nueve, cuando en el edificio "daban el agua", para tener para el día siguiente. Si querías bañarte, tenías que abrir la llave del tanque y encender un motor con una pequeña bomba que llevaba el agua hasta la ducha y hacía un ruido infernal. Como la angustia es una víbora extraña que se cuela por los lugares menos pensados, varias noches me desperté sobresaltado de madrugada y fui a comprobar si el tanque se había llenado.

Pero volvamos a Petare. Una tarde soleada de agosto converso en el Barrio 1° de Noviembre, uno de los tantos que integran la parroquia, con Jackie y Sabrina, dos docentes que trabajan en escuelas primarias cercanas. Hablamos del agua, de la inseguridad y de educación. Me cuentan que después de la pandemia, cuando la situación sanitaria empezó a normalizarse, los docentes comenzaron a dictar un día de clase presencial a la semana, luego dos, hasta llegar a tres, pero en 2023, las huelgas y protestas organizadas por los sindicatos —Jackie y Sabrina cobran 24 dólares al mes— redujeron nuevamente el ritmo de las clases. Así, buena parte de los estudiantes de primaria de Venezuela asiste a la escuela solo un par de veces por semana. "El problema es que cada maestra tiene su día, por lo que a las familias se les hace muy difícil organizarse. A veces toca dar clases a segundo; otro día, a cuarto o tercero, y los que tienen varios niños deben ir y venir de la escuela y dejar a los otros en la casa", me explica Jackie en el patio de su casa, entre jaulas de cotorras y tortugas que caminan lentamente en un refugio detrás de una reja.

Para paliar la situación, se multiplican las clases de apoyo. Las "clases dirigidas", como se conocen, existieron siempre, pero después de la pandemia se convirtieron en un verdadero sistema educativo paralelo. Funciona así: los padres coordinan con la maestra —a veces la misma de la "escuela oficial"— y envían a sus hijos a un aula improvisada, generalmente en la casa del docente, que cobra una tarifa de 2 a 5 dólares por semana y por niño. El aula de Jackie está ubicada en el segundo piso de su vivienda, con sillas de colores, pizarrón, libros infantiles. No hace falta ser Piaget para entender que, más allá del esfuerzo heroico de maestras y madres, el sistema está lejos de ser ideal. Y que se trata de una especie de privatización de hecho, que no es resultado de un plan gestado en las oficinas del Banco Mundial, sino del modo en que muchas veces suceden las cosas en Venezuela, espontáneamente, sin que nadie, y mucho menos el gobierno, se lo proponga. "A veces la madre no tiene dinero esa semana y me paga a la siguiente, o ayuda con algo para la casa", dice Sabrina. "Son chicos de diferentes edades y tenemos que adaptar los contenidos a cada uno, se quedan dos o tres horas. Es un sistema más personalizado y menos estructurado que el de la escuela", agrega. Cuando las visité, había dos niñas de primero y un chico de tercero, que miraba todo con ojos de plato. "Algunas semanas llego a tener hasta doce chicos. Pasa que también es una manera de que la familia resuelva qué hace con los niños. Aquí hay mucha gente que emigró, a veces el padre y la madre, y los chicos se quedaron con la abuela, que de repente está viejita y no puede cuidarlos, así que no solo les enseñamos los contenidos educativos, sino también los cuidamos y los ayudamos a que se vayan formando", completa Sabrina.

La charla con las maestras, recortada sobre las laderas del cerro, condensa algunos de los rasgos más sobresalientes de la situación venezolana actual: la crisis económica y la dolarización, el desmoronamiento del Estado y el colapso de los servicios públicos, la desorganización de la vida y la necesidad de "resolver" para seguir subsistiendo. Pero también muestra la vitalidad que conserva la sociedad, herencia de décadas de prosperidad petrolera y estabilidad democrática y del entramado militante creado durante los años dorados del chavismo.

Introducción

Algunas ideas antes de comenzar

Este libro busca entender el "problema venezolano" a partir de diferentes ángulos, ponerlo en contexto, reconstruir su historia y definir su singularidad. En efecto, hay algo muy propio, un rasgo verdaderamente excepcional, en la forma en que procesa su drama Venezuela, el único país del mundo cuyo PBI se redujo a una cuarta parte en cinco años sin que mediara una guerra, el único que expulsó al 24% de su población en menos de una década —el único país latinoamericano con decrecimiento demográfico—,[5] el único de América Latina con hiperinflación, el único —salvo Nicaragua— que admite la reelección indefinida del presidente, el único —salvo Cuba— gobernado por un régimen cívico-militar y el único país del mundo que se animó a declararse explícitamente socialista desde la caída del Muro de Berlín. También, el único país de la región que cambió de nombre —el adjetivo "Bolivariana" se agregó en 1999— y el único que vivió durante ocho años con un huso horario de media hora; en 2007, Chávez sentía que amanecía tarde, pero no tanto como atrasar los relojes una hora entera, entonces ordenó cambiar la hora oficial a −4.3 GMT, hasta que Nicolás Maduro la llevó nuevamente al huso horario habitual de −4 GMT en 2014.

La singularidad de la crisis venezolana resulta más notable por tratarse de un país importante. Quizás estemos acostumbrados a que de tanto en tanto naciones pequeñas nos sorprendan con alguna excentricidad; hemos visto el hundimiento de países como, digamos, Haití, de castigadas naciones africanas o de mínimas repúblicas de Europa del Este, pero no es frecuente que colapse de esta

---

5. Tomo el último dato de la ONU, 7,1 millones de emigrados, sobre una población de cerca de 29 millones.

manera un país como Venezuela, con casi 30 millones de habitantes, que tuvo el cuarto PBI de América Latina, que durante años disfrutó de los niveles de bienestar más altos de la región, que supo contar con una clase media ilustrada y próspera y que ejerció una influencia geopolítica importante en el Caribe. Venezuela cuenta con cinco ciudades de más de un millón de habitantes —tres de las cuales tienen metro—, gigantescos puertos de exportación, grandes complejos de industrias básicas y cientos de miles de hectáreas fértiles, además del detalle de las reservas de petróleo más importantes del mundo. Su capital, Caracas, es una urbe moderna con avenidas llenas de rascacielos vidriados y cruzada por autopistas, más parecida a San Pablo o Buenos Aires que a Lima o Guatemala; una metrópolis tropical de arquitectura brutalista vigilada por esa hermosa pared verde que es El Ávila, "una muralla china con las faldas llenas de flores y culebras", al decir de Tomás Eloy Martínez, uno de los tantos intelectuales latinoamericanos que en el pasado disfrutaron de la vida en Venezuela.[6]

Los rascacielos permanecen, la estela de riqueza no se ha apagado del todo y las huellas de la Venezuela de antaño resurgen de tanto en tanto; un país no se destruye en dos minutos. Todo eso sigue ahí, aunque últimamente se haya ido encogiendo, aunque inevitablemente funcione solo uno de los tres ascensores, aunque todo luzca un poco oxidado y la infraestructura se desaproveche. Una de las cosas que aprendí visitando Venezuela es que, en un país del que en pocos años emigró casi un cuarto de su población, sobra espacio; el aeropuerto de Maiquetía se ve siempre desolado; en el centro de Caracas hay grandes oficinas semivacías, departamentos que se venden a precio de saldo y la "externalidad positiva", dirían esos poetas del lenguaje que son los economistas, de que

---

6. Tomás Eloy Martínez, *Ciertas maneras de no hacer nada*, Caracas, La Hoja del Norte, 2015.

Introducción

la vivienda, gran drama de muchos países de América Latina, ha dejado de ser un problema.

Pero no elegí Venezuela solo por lo que tiene de distinto, sino también por el modo en que ayuda a entender algo más grande, el proceso de ascenso, caída y dificultoso resurgimiento de la izquierda latinoamericana. En 2008 publiqué *La nueva izquierda*,[7] libro que, hasta donde tengo registro, fue el primero en enfocar a los presidentes progresistas de la región —Chávez, Lula, Evo Morales, Néstor Kirchner, Rafael Correa— como miembros de una misma familia, protagonistas de una larga década de crecimiento económico, gobernabilidad política y progreso social. Chávez, de hecho, fue el primero, en cierto modo el padre fundador, y también el que arrastró a su país a un programa de reformas más radical —y el que fracasó más estrepitosamente—. Veinticinco años después es fácil comprobar que a la ilusión inicial que despertó Chávez en la izquierda regional le siguió una etapa de desconcierto y, finalmente, cierto vacío, como si todos intuyeran que en Venezuela pasan cosas, pero nadie supiera exactamente qué. Punto ciego del progresismo latinoamericano, que se acostumbró a lidiar con Cuba, pero no con esta criatura indescifrable que es el chavismo, tengo la sensación de que hoy la izquierda no sabe bien qué hacer con Venezuela, en qué lugar de la góndola ubicarla. Como señalo en el epílogo, esto quedó demostrado luego de las elecciones del 28 de julio de 2024.

La crisis que atraviesa el país es aguda y exige para su comprensión una mirada general e informada. Para construir esa mirada dividí el libro en tres partes, que a su vez contienen diferentes capítulos. En la primera analizo la base material de la crisis, las particularidades de la única economía petrolera latinoamericana, más parecida a Nigeria o Arabia Saudita que a Colombia o Brasil,

---

7. José Natanson, *La nueva izquierda*, Buenos Aires, Debate, 2008.

el tipo de sociedad que esa economía modela y la forma en la que esa comunidad se ha relacionado con el Estado, al que le atribuye características mágicas. Sobre esa base histórica, la gestión económica del chavismo —en contraste con la sensatez demostrada por otros integrantes de la familia de la izquierda— produjo una recesión fenomenal, que profundizó el modelo extractivo a niveles impensables; no conforme con extraer y exportar petróleo u oro, Venezuela se convirtió en el principal exportador mundial de... chatarra —451 millones de dólares en 2021, provenientes de parques industriales desiertos, tuberías abandonadas, fábricas que nadie quiere—.[8] La dolarización, surgida como reacción espontánea a la hiperinflación, permitió reestabilizar la economía y recuperar ciertos niveles de crecimiento, aunque en un país enanizado y al costo de una cristalización de la inequidad. Hoy, después de quince años de "socialismo", Venezuela se ubica entre los dos o tres países más desiguales de América Latina.[9]

La segunda parte del libro es política —o, mejor, político-institucional—. Para no aburrir, preferí evitar la estructura clásica del relato cronológico y opté en cambio por abordar el proceso de desdemocratización desde diferentes ángulos; el principal, el giro autoritario que el gobierno de Maduro produjo luego del triunfo opositor en las elecciones legislativas de 2015, que llevó a que Venezuela cruzara la línea ardiente que separa una democracia de un sistema que es "otra cosa". Después de contar esa historia, analizo el rol de los militares, las violaciones de los derechos humanos y

---

8. https://transparenciave.org/economias-ilicitas/nuevas-exportacionesla-chatarra-como-valvula-de-escape/

9. Datos de la Encuesta Nacional de Condiciones de Vida (Encovi) de 2022, a la que recurren los investigadores ante la discontinuidad de las estadísticas oficiales. Aunque en 2023 la desigualdad mejoró un poco, se trata de un dato que está siendo revisado. https://www.proyectoencovi.com/

Introducción

la responsabilidad —centralísima— de la oposición, para terminar con una caracterización del tipo de régimen político —una vez más, absolutamente único— que impera en el país, que no es una democracia, pero tampoco una dictadura plena; lo llamo "autoritarismo caótico".

La tercera parte sitúa a Venezuela en el contexto regional y global. Describo allí el acoso de Estados Unidos, la hipótesis delirante de una invasión y la ayuda brindada en los últimos años por las potencias no occidentales (Rusia, China, Irán, Turquía), que le permitieron al gobierno de Maduro romper el aislamiento y surfear la crisis. Analizo el significado de Venezuela para la izquierda latinoamericana y el proyecto de Socialismo del siglo XXI, un sueño de Chávez en el que ya nadie parece creer en serio.

Un par de comentarios finales.

El primero tiene que ver con eso que los críticos literarios —otros poetas— llaman "el lugar del enunciador". Es obvio decirlo, pero este libro está escrito por un autor no venezolano pensando en un lector no venezolano; a quienes nacieron en Venezuela, muchas de las cosas que cuento les sonarán demasiado conocidas. Mi intención es ofrecer un panorama general aunque accesible, que registre los detalles, pero que no se enrede en las mil y una vueltas de la historia y, sobre todo, ayude a entender las tres dimensiones principales de este drama —la crisis económica, el giro autoritario y la hecatombe social—, sin simplificar ni caer en folclorizaciones "orientalistas", por usar la expresión de Edward W. Said.[10]

---

10. Para escribir este libro, además de viajar a Venezuela y realizar entrevistas, leí toneladas de *papers*, algunas novelas y unas cuantas crónicas. Aunque los artículos académicos y las ficciones me resultaron útiles, la crónica me parece un género insuficiente para contar lo que pasa en Venezuela; muy situadas en el tiempo —uno o dos años después ya habían perdido interés— e incapaces de captar la densidad de todo el asunto. Por eso —y porque, en verdad, no me sale otra cosa—, escribí un ensayo.

El segundo comentario es de estilo. Releyendo las primeras versiones de este libro descubrí que había saturado los párrafos de "peros", "aunques" y "sin embargos", creo que menos por una especial inclinación hacia la gambeta estilística que por las características propias de un tema que exige matizar, complejizar y colorear todo el tiempo. El fracaso de la experiencia venezolana es rotundo, *pero* la forma de contarlo no es lineal. Y, *sin embargo*, tampoco quise escribir un libro descriptivo, "ecuánime" o falsamente equilibrado, para lo cual busqué dejar en claro algunas ideas muy concretas. Por ejemplo, la irresponsabilidad macroeconómica de Chávez es la causa principal de la crisis; las sanciones de Estados Unidos agravaron la recesión, pero no la produjeron; hasta la muerte de Chávez, Venezuela era una democracia; el país dejó de ser una democracia cuando Maduro anuló de facto el resultado de las elecciones legislativas de 2015; la oposición es corresponsable del giro autoritario; el Socialismo del siglo XXI es una farsa; el gobierno ejerce una política de persecución selectiva y sistemática de la disidencia; las violaciones de los derechos humanos son serias, y en términos generales, la sociedad venezolana se centroamericanizó, mientras que la política se está vietnamizando.

La última idea —la más general e inasible y la que en cierto modo envuelve a las demás— es la que inspira el título de este libro. Si la descomposición es una transformación biológica por la cual el cuerpo de un organismo se va reduciendo a formas más simples, Venezuela pareciera estar atravesando justamente ese proceso: un país que fue próspero, democrático e igualitario, y que hoy se encuentra estancado en el pantano de todas las crisis.

Parte I

El subsuelo de todo.
Rentismo y crisis económica

1

Petróleo y Estado mágico

El 7 de marzo de 2019, cinco minutos antes de las cinco de la tarde, Venezuela —toda ella— se apagó. Al principio la gente, acostumbrada desde hacía años a los cortes de energía, no se preocupó demasiado. Faltaban un par de horas para que anocheciera, y muchos pensaban que la luz volvería pronto, como tantas otras veces. Pero pasaba el tiempo, el atardecer caía implacable y el suministro no se normalizaba. El Metro de Caracas, el medio de transporte más utilizado, dejó de funcionar. Desde los balcones de los edificios era posible ver ríos de gente caminando por las avenidas y subiendo los cerros de regreso al hogar.

Tres horas después, pasadas las ocho, el ministro de Energía apareció en televisión y explicó que la interrupción se debía a un "sabotaje", producto de la "guerra eléctrica" en la central de Guri, en el estado de Bolívar, donde se genera el 70% de la electricidad que se consume en el país. Aunque el sistema interconectado contaba con otras fuentes de energía, la falta de repuestos para usinas y cables de alto voltaje provistos por General Electric, que no podían ser adquiridos por las sanciones económicas, había dejado fuera de servicio a los generadores de respaldo —si no hubo un colapso antes, fue porque la crisis económica había prácticamente anulado la demanda industrial—. En cualquier caso, fueron pocos los que pudieron escuchar al ministro o enterarse de que el corte alcanzaba a 23 de los 24 estados. La señal de celular había desaparecido y los teléfonos de línea apenas funcionaban. Los vuelos fueron suspendidos, el espacio aéreo permaneció desierto y el mundo miraba asombrado las fotos satelitales que mostraban a una Venezuela teñida de negro rodeada de una Sudamérica iluminada.

Los más privilegiados se mudaron a los pocos hoteles que contaban con generador propio, aunque dependían de un combustible que ya no se conseguía en ningún lado. Pero la mayoría se las arreglaba como podía. Pasaban los días, la gente salaba la carne y descubría que el hielo elaborado con agua con sal dura más. Camiones oficiales repartían agua, que se había cortado totalmente por falta de energía para mover las bombas. Los negocios abrían pocas horas y, ante la imposibilidad de usar los "puntos de pago" electrónico, comenzaron a aceptar directamente dólares en efectivo: el comienzo de la dolarización. Con billetes norteamericanos era posible comprar hielo casero —el precio subía hora a hora—, bebidas embotelladas y algunos alimentos. Los hospitales se quedaban sin gasoil para los generadores. En algunas ciudades del interior los muertos se apilaban en las morgues. Y, aunque el gobierno decretó asueto nacional y toque de queda a partir de las cinco de la tarde, en Maracaibo y Caracas se registraron saqueos nocturnos. Circulaba todo tipo de rumores: que estaba llegando un avión de Rusia con personal técnico especializado, que caravanas de gente armada se trasladaban hacia la frontera para escapar del país, que aprovechando el desconcierto se cocinaba un golpe de Estado.

Años más tarde, todos los venezolanos con los que conversé tenían muy presentes los días del apagón, un recuerdo que aparece espontáneamente en las conversaciones. "Era desesperante", recuerda, por ejemplo, el economista Omar Zambrano mientras tomamos café en un bar cercano a la sede de la consultora que dirige, en el distrito financiero de Altamira. "No sabías qué hacer, había mucho miedo. Realmente bajabas a la calle a ver qué conseguías y era un panorama postapocalíptico, como si vinieran los *zombies*. Un amigo me dijo que estaban saliendo vuelos privados de no sé dónde, que te sacaban del país, que costaban 10.000 dólares en efectivo, y yo, de repente, estaba dispuesto a gastarme los ahorros para salvar a mi familia". Otro testimonio, el de un hombre con el que converso mientras espero en una fila para comprar pan: "A mí lo que más me enloquecía era la incomunicación. No lo pensamos, pero estamos acostumbrados a estar comunicados todo el tiempo, y ahí no sabías qué estaba pasando, cómo estaban tus familiares, cuándo se iba a terminar la pesadilla. Mi mamá vive con mi hermano al otro lado de la ciudad, está muy viejita, y yo no tenía forma de saber si estaba bien".

La mayor parte de Caracas estuvo cinco días sin electricidad, y algunas zonas del país, siete. En esa particular versión de ensayo sobre la ceguera que fue el apagón de 2019, la sociedad venezolana experimentó un shock, un trauma que llegó luego de otros que se habían ido acumulando hasta conformar una montaña de desgracias: hiperinflación, escasez, migración, inseguridad, saqueos, secuestros. Un golpe que resultó tanto más duro por cuanto afectaba a una sociedad que venía del largo proceso de crecimiento económico, modernización y prosperidad del primer *boom* petrolero, y del período, más breve pero igual de relevante, de mejoras sociales y aumento del consumo logrado por Chávez. Este capítulo, el de raíz más histórica de todos los que integran este libro, analiza el modo en que la dependencia del petróleo modela un tipo determinado de sociedad, incide en la construcción de cierta forma de Estado y configura finalmente una cultura política, que en parte explica el auge —y la decadencia— del proceso bolivariano. Puede ser leído como un punto de partida, como una base —un subsuelo— para seguir con el resto del libro, a partir de la tesis, ampliamente compartida, de que es imposible entender a Venezuela sin entender el petróleo.

¿Qué es el rentismo?

Antes del comienzo de la era petrolera, Venezuela era un país atrasado y desarticulado, virtualmente desconectado de los mercados internacionales. No había unidad; la Capitanía General de Venezuela, creada por España en 1777, se había formado a partir de la agregación de regiones agroexportadoras nacidas alrededor de una ciudad-puerto (Maracaibo, Puerto Cabello, La Guaira, Cumaná y Angostura), que se comunicaban directamente con la metrópolis antes que entre sí. Apenas unos 2 millones de personas sobrevivían con la economía de subsistencia y el cultivo de unos pocos productos de exportación (café, cacao, cuero). La población, en un 90% analfabeta, se repartía mayoritariamente en zonas rurales, y la economía se organizaba en grandes latifundios bajo el modelo de plantaciones.

Todo esto cambió con el reventón del Zumaque del 31 de julio de 1914, cuando la Caribbean Petroleum inauguró su primer pozo en el campo de Mene Grande, a 135 metros de profundidad, con una producción de 250 barriles diarios, punto de partida para el nacimiento de la moderna industria petrolera venezolana. El salto a la modernidad fue eso, un salto, que se dio casi de un día para el otro y cuyo factor determinante no fue el esfuerzo de la sociedad ni la acumulación de experiencias ni una audaz gesta revolucionaria ni una guerra —es decir, los factores que suelen empujar a los países hacia adelante—, sino el azar de una naturaleza que había enterrado en el subsuelo las reservas hidrocarburíferas más importantes del planeta, como después se comprobaría. Insisto con este dato porque es central y explica en cierta forma el destino trágico de Venezuela; la modernización no fue un logro autogenerado, sino un impulso debido a circunstancias externas, que en pocas décadas hizo de un territorio agrario y atrasado, acostumbrado a los tiempos lentos de las cosechas y los climas, un país urbano y moderno, habituado a los tiempos excitados del petróleo.

Esto sitúa a Venezuela en un lugar particular en el contexto latinoamericano. Por supuesto, no es el único país de la región que depende de la exportación de uno o dos productos no renovables: la suerte económica de Bolivia está atada al gas (45% de sus exportaciones); la de Colombia, al petróleo (25%); la de Argentina, a las oleaginosas (28%), y la de Chile, que suele pasarse por alto al hablar de primarización, al cobre (25%).[1] Pero ninguno de ellos llega al extremo de Venezuela, donde el petróleo explica el 94% de las exportaciones, es decir, más o menos lo mismo que Angola (91%), Nigeria (92%), Kuwait (94%) o Irak (99%). Venezuela nos engaña; la comparamos con Colombia, Argentina o Brasil, cuando deberíamos comenzar a observar estos países petroleros —o a Rusia, cuyas exportaciones dependen en un 65% de los hidrocarburos— para entenderla mejor.

En su novela *Mene*, fundadora de la literatura petrolera venezolana, Ramón Díaz Sánchez cuenta el impacto profundamente perturbador de las primeras explotaciones petroleras. Sitúa la trama en Cabimas, un pequeño pueblo ubicado en la costa oriental del lago Maracaibo, en Zulia, para describir la llegada de empresarios extranjeros e inmigrantes de otras zonas del país, y la veloz

---

1. Todos datos de la Comisión Económica para América Latina y el Caribe (CEPAL).

transformación del lugar, de sus costumbres y hasta del paisaje sonoro, de la calma chicha del pasado al estruendo de las perforadoras y los pozos. "Mira todas esas cosas nuevas. Fíjate en esas calles, en esas torres; acércate a ese muelle. ¿Quiénes son esas gentes que parece que se han vuelto locas?", se pregunta uno de los personajes.

Historiadores como Elías Pino Iturrieta e Inés Quintero han analizado las consecuencias de este tránsito vertiginoso. A diferencia de países que iniciaron el despegue petrolero después de haberse desarrollado, como Noruega o Estados Unidos, Venezuela construyó una potente economía hidrocarburífera en una nación astillada, un "país invertebrado", por utilizar la imagen que Javier B. Seoane C. toma de José Ortega y Gasset.[2] Para algunos historiadores, el culto a Simón Bolívar, el verdadero dios laico nacional, es una construcción cultural que de algún modo busca compensar esta debilidad identitaria original,[3] hipótesis que resulta fácil de compartir después de visitar el Mausoleo del Libertador, una construcción de 2000 metros cuadrados y 54 metros de alto desplegada en forma de vela que alberga el sarcófago de caoba y piedras preciosas a los pies del monumento del escultor italiano Pietro Tenerani, donde descansan los restos de Bolívar, liberador de medio continente. No hay casi nadie esa mañana de sol de agosto que lo visito, apenas tres o cuatro personas y un grupito de alumnos de una escuela privada esperando para ingresar.

Pero retomemos. La dependencia del petróleo es crucial para entender la economía venezolana. En términos generales, significa

---

2. "Venezuela invertebrada: ficción, disimulo y magia", disponible en https://www.academia.edu/34347064/Venezuela_invertebrada_Ficci%C3%B3n_disimulo_y_magia

3. http://ve.scielo.org/scielo.php?pid=S1012-15872008000200009&script=sci_arttext&tlng=en

que la principal actividad depende menos de la innovación o del riesgo empresarial que de la lotería del subsuelo —por eso, la renta petrolera no se produce, se captura—. Las economías petroleras disponen de un "plus de renta", por decirlo de alguna manera, que se suma a los dos factores de producción clásicos, capital y trabajo, como si las ganancias de los empresarios y los salarios de los trabajadores resultaran "premiados" por el solo hecho de operar en Venezuela.[4] Y entonces, como la riqueza está disociada de la acción productiva, la lógica trabajo-producto (esfuerzo-resultado) se debilita, instalando un esquema de incentivos antimeritocráticos. Y esto, a su vez, refuerza la sensación de que lo que una persona haga o deje de hacer tiene una incidencia solo relativa en el curso de su vida, un rasgo que los estudios de psicología social llaman "pérdida del locus de control externo", que en Venezuela alcanza, según diversas investigaciones, niveles altísimos.[5]

Al mismo tiempo, la sociedad venezolana es demandante y exigente, más parecida a sociedades cohesionadas, como la argentina o la uruguaya, que a países más jerárquicos y oligarquizados, habituadas a siglos de dominación, al estilo, digamos, de Perú, Colombia o incluso Brasil. El origen de esta particular conformación social se remonta a la etapa colonial. Al ser Venezuela una capitanía periférica del Imperio español, de importancia menor a los virreinatos más relevantes de Nueva España o el Alto Perú, la relación de los criollos con los españoles fue desde un comienzo más horizontal. Durante la larga etapa de las guerras de independencia y luego durante los conflictos internos, los criollos buscaron ganarse el apoyo de los esclavos recientemente liberados otorgándoles diversas

---

4. Asdrúbal Baptista, *Teoría económica del capitalismo rentístico*, Caracas, IESA, 1997.

5. https://terapiavenezuela.com/locus-de-control-punto-de-partida-para-el-manejo-de-la-vida/

concesiones, lo que conformó, en palabras del historiador Tomás Straka, una "sociedad levantisca".

Este cruce entre economía petrolera —los fabulosos ingresos que produce—, rentismo —el tipo de sociedad que consolida— e igualitarismo —las demandas que habilita— constituye la esencia del nudo venezolano. Por eso, perspectivas teóricas más nuevas, como la que propone Diego Bautista Urbaneja en su libro *La renta y el reclamo*, releen la historia moderna de Venezuela a través de la pugna de diferentes grupos sociales, elites y líderes, por orientar el reparto de la renta. Esta mirada busca romper el determinismo de los primeros estudios sobre el rentismo, resumido en el célebre apotegma "El petróleo nos hizo", para cruzar la realidad rentista con el contexto social. "Somos nosotros los que a lo largo de la historia hemos decidido lo que el petróleo ha hecho de nosotros", escribe Urbaneja.

Un segundo efecto del rentismo es la construcción de enclaves, núcleos económicos separados, casi podríamos decir alienados, del resto de la sociedad. En su famosa *Antropología del petróleo*,[6] Rodolfo Quintero ensaya una etnografía de las primeras explotaciones para analizar el modo en que alrededor de los campos va germinando una economía de servicios asociada a la actividad principal. Como los pozos se ubican a menudo en lugares inhóspitos, como la fuerza de trabajo es casi exclusivamente masculina y vive separada de su familia y como, además, se trata de una actividad que no se detiene, exigida por el ritmo de extracción permanente, alrededor de ella se afianza un entramado denso de bares, burdeles y cabarets. Esta "economía del margen" se derrama primero por el campo petrolero, después se despliega a lo largo de la ciudad y del estado

---

6. Rodolfo Quintero, *Antropología del petróleo*, Caracas, Banco Central de Venezuela, 2014.

y, finalmente, del país entero, con sus secuelas de informalidad e ilegalidad. Para ilustrar esta intuición, José Ignacio Cabrujas recurre a la idea de Venezuela como un gran campamento; el carácter transitorio del campo de petróleo, que pasado un tiempo se agota y se abandona, se traslada a las instituciones, las infraestructuras y la relación de la sociedad con el ambiente y con el Estado, que adquiere un carácter siempre provisional, inquilinario, a la manera de esos veraneantes que descuidan la casa en la playa porque no es suya y en quince días volverán a la ciudad. El aventurerismo y la improvisación son dos marcas de un país en donde la lógica del operativo (transitorio) se impone por sobre la de la construcción institucional (permanente).[7]

Un ejemplo. El 8 de noviembre de 2013, semanas antes de unas elecciones municipales decisivas para ratificar la legitimidad de Maduro tras su ajustado triunfo en las presidenciales luego de la muerte de Chávez, el gobierno anunció lo que se conocería como el "Dakazo". A la mañana de ese día, en un discurso sorpresivo transmitido por televisión, Maduro denunció a los dueños de Daka, la principal cadena de venta de electrodomésticos del país, por "usura" y "acaparamiento", y ordenó la ocupación militar de los locales y la rebaja inmediata de los precios, lo que redundó en larguísimas filas de personas buscando las ofertas forzadas. El resultado fue que los primeros en llegar lograron efectivamente llevarse productos a precios rebajados, pero a las pocas horas se generó un vacío en los anaqueles, que ya sin reposición quedaron desiertos; incluso se registraron algunos saqueos. Por supuesto, una vez agotados los electrodomésticos fue imposible durante meses conseguir una heladera o un televisor en Venezuela.

---

7. Javier Seoane, "Venezuela invertebrada: ficción, disimulo y magia", en Carlos Peña (comp.), *Venezuela y su tradición rentista*, Buenos Aires, Clacso, 2017.

Venezuela

Los laberintos del Estado mágico

La contracara de la economía rentista es el Estado rentista. Inseparable del petróleo, el Estado rentista es fuerte y a la vez débil. Fuerte porque, en tanto propietario único de la tierra de la que fluye el recurso, monopoliza la riqueza nacional y tiene garantizada una corriente permanente de dinero. Y débil porque su poder no se sostiene en un entramado social que le provea vitalidad, le inyecte energía y creatividad, sino en un único recurso natural. Venezuela, por caso, fue uno de los últimos países del mundo en establecer un impuesto al consumo masivo —recién en 1993, durante el segundo gobierno de Carlos Andrés Pérez, comenzó a cobrarse el impuesto al valor agregado—. El dato resulta relevante; un principio básico de la economía es que los Estados se financian mediante la retención de parte de lo comercializado a través de impuestos y devuelven en forma de bienes públicos lo retenido a la sociedad, lo que hace que al final el Estado dependa del conjunto de las relaciones sociales y los actores que operan en ellas. En cambio, los Estados rentistas no dependen de los impuestos, sino de una o dos materias primas, como muestra el hecho de que el 63% del presupuesto público venezolano está explicado por los ingresos petroleros.[8] Por eso, el petro-Estado no redistribuye, simplemente distribuye.

Veinte años atrás, el antropólogo Fernando Coronil publicó un libro clave para entender Venezuela, *El Estado mágico*.[9] De acuerdo con la mirada de Coronil, el Estado es percibido por la sociedad

---

8. https://es.euronews.com/next/2022/12/05/venezuela-economia-presupuesto

9. Fernando Coronil, *El Estado mágico. Naturaleza, dinero y modernidad en Venezuela*, Caracas, Alfa, 2013.

como una especie de superhéroe capaz de lograr lo imposible, un "Estado prestidigitador" que, mediante dos o tres trucos, logrará siempre poner al país en la senda del progreso. Si el carisma es, según la clásica definición de Max Weber, la cualidad que las masas le otorgan a un líder de hacer lo imposible, conseguir lo extraordinario y aun lo sobrenatural —por eso, Jesús era para Weber el gran ejemplo de líder carismático—, entonces el Estado venezolano asume la forma de un Estado carismático, un "agente grandioso" capaz de lograr por sí solo el bienestar.

En un país en el que el Estado fabricó a la sociedad, todo es de arriba abajo. Históricamente, los grandes proyectos de desarrollo asumieron la forma de un "salto adelante" propiciado por el Estado: el "Nuevo ideal nacional" de la dictadura de Marcos Pérez Jiménez, durante la cual se construyeron grandes obras de infraestructura y se sentaron las bases de la industria petroquímica y siderúrgica; la "Gran Venezuela" del primer gobierno de Carlos Andrés Pérez (CAP), que nacionalizó el petróleo y creó Petróleos de Venezuela S.A. (PDVSA), estableció el salario mínimo e impulsó la industria, y el Socialismo del siglo XXI de Chávez, con sus misiones y sus estatizaciones. De hecho, los paralelismos entre el primer gobierno de CAP (1974-1979) y los años dorados del chavismo son asombrosos. Se trataba en ambos casos de líderes carismáticos dotados de una energía fuera de lo común. En el documental *CAP. 2 intentos*, Felipe González define a Carlos Andrés como "una fuerza de la naturaleza", algo "imposible de controlar". Ambos gobiernos, el de CAP y el de Chávez, impulsaron, en medio de una borrachera de precios, fuertes transformaciones socioeconómicas en un contexto de gran optimismo, con obras faraónicas e importantes avances sociales —las becas Gran Mariscal de Ayacucho creadas por CAP permitieron el acceso a la educación universitaria a una primera generación de venezolanos—. Tanto en los años setenta como en los 2000, Venezuela alcanzó un enorme protagonismo internacional; bajo CAP, con el apoyo al sandinismo nicaragüense y el activismo en la Internacional Socialista; bajo Chávez, con el respaldo a los gobiernos progresistas de América Latina y la creación del ALBA. También fueron años de despilfarro y corrupción, seguidos de un final de fiesta amargo cuando los precios del petróleo comenzaron a bajar.

Pero hablábamos del Estado mágico, una continuidad histórica que va más allá del carácter democrático o autoritario de los gobiernos. En su libro, Coronil rompe con la perspectiva tradicional, que oponía una Venezuela autoritaria/atrasada a otra democrática/moderna, y pone el foco en la construcción de una "modernidad trunca". El petróleo compra fábricas, empresas o puentes, pero no puede concretar la tarea, mucho más difícil, de crear un entramado social dinámico y vital, por lo que, al final, las fábricas, las empresas y los puentes terminan funcionando como una mera "excusa" para capturar renta. Por eso la burguesía venezolana no es un actor permanente, sino que va cambiando, asumiendo en cada etapa el color del partido que está en el poder, que al final es el que permite su existencia: la burguesía blanca de Acción Democrática, la verde de Copei, la roja chavista.

Una política negro alquitrán

El Estado mágico se refuerza por el mito profundamente arraigado de que Venezuela es un país rico, mito que se remonta a la leyenda de El Dorado, al encuentro de los primeros conquistadores españoles con una naturaleza exótica y rica, el clima agradable, el inmenso caudal de agua dulce del Orinoco y la amabilidad de las poblaciones nativas. Hundiendo sus raíces en esta historia larga, que el descubrimiento del petróleo actualizó, la noción de Venezuela como tierra de abundancia llega hasta la actualidad; una encuesta reciente confirma que el 80% de los venezolanos está de acuerdo con la afirmación "Venezuela es uno de los países más ricos del mundo".[10]

El problema reside en que Venezuela no es un país rico, mucho menos un país desarrollado, nunca lo fue. En sus mejores momentos fue un país de desarrollo medio, a la altura, digamos, de la Argentina o de Chile, con un PBI inflado por algún auge de precios transitorio. Pero Venezuela nunca construyó una industria nacional competitiva, no logró el autoabastecimiento alimentario ni diversificó sus exportaciones; no consiguió, por recurrir a la popular imagen del intelectual conservador Arturo Uslar Pietri, "sembrar el petróleo".[11]

No obstante, como las ciencias sociales han demostrado tantas veces, importa poco si una percepción colectiva es real o no. Si la percepción está muy extendida, entonces es real en sus consecuencias. Y la deriva lógica de esta percepción es la siguiente: si el país fue siempre rico —¡incluso antes del petróleo!— y, sin embargo, hay tantos pobres, entonces alguien se debe haber robado el dinero. En cierto modo, las explosiones sociales que comenzaron a sucederse en los años ochenta —el "Viernes negro" de 1983, el Caracazo de 1989, el intento de golpe de Chávez de 1992, las protestas contra Maduro— son sucesivas muestras del trauma que produce la revelación de que las cosas no son como se creía. Y la consiguiente expectativa de que llegue alguien capaz de resolver el problema. Puede ser CAP, Chávez, Guaidó o María Corina

---

10. https://issuu.com/carlospena019/docs/venezuela_y_su_tradici_n_rentista._visiones__enfoq/s/11125380#google_vignette. Nelly Arenas, "La Venezuela rentista. Imaginario político y populismo", *Cuadernos del Cendes*, vol. 29, nº 80, mayo-agosto de 2012.

11. Arturo Uslar Pietri, *De una a otra Venezuela*, Caracas, Mesa Redonda, 1950.

Machado, pero siempre la solución pasa por la elección de un gobierno —un César bondadoso— que "haga bien las cosas", que reparta algo que simplemente ya existe.

Al mismo tiempo, el hecho de que no requieran una base impositiva amplia les confiere a los gobiernos rentistas una enorme autonomía. En la medida en que no dependen de los impuestos, tienden a emanciparse de la sociedad y adquieren márgenes de maniobra amplios. La política del petro-Estado se organiza de manera diferente a la de los Estados capitalistas modernos. En términos de Marx, no hay lucha de clases —o está muy atenuada—, el sistema no funciona a partir de la plusvalía que generan los trabajadores, sino de la renta que se extrae del subsuelo. Por eso es habitual que en países petroleros las revoluciones estén motivadas por cuestiones religiosas (Irán) o nacionalistas (Irak) más que clasistas, porque ni la clase obrera ni la campesina existen como tales; al momento de iniciarse la "Revolución bolivariana", el 3% de los trabajadores venezolanos generaba el 90% de las exportaciones.[12]

La economía petrolera es una economía centralizada. Siguiendo una vez más a Weber, el petro-Estado no solo controla el monopolio de la violencia física legítima, como cualquier Estado, también tiene el monopolio de la economía. El petróleo tiende naturalmente a concentrar el poder; quien maneja la renta petrolera controla —casi— todo. Gobernar Venezuela es gobernar el petróleo, y la lucha política es básicamente por la renta. Si se mira bien, es fácil comprobar que las "marcas del petróleo" tiñen de negro alquitrán la historia política venezolana; el *fifty-fifty* no alude a un reparto igualitario de los ingresos entre trabajadores y empresarios, como en la Argentina de Perón, sino

---

12. https://www.centrocultural.coop/revista/20/la-venezuela-pactada-entre-el-punto-fijo-y-el-paquete-neoliberal

a la consigna que por esos mismos años impulsó la sanción de la Ley de Hidrocarburos, que dispuso una distribución por mitades de la renta petrolera entre el Estado y las empresas concesionarias extranjeras. En 1973, CAP recurrió a un eslogan petrolero para su exitosa y muy profesional campaña presidencial, pionera del marketing político en América Latina: "Democracia con energía". Ya con Chávez, el petróleo siguió ubicado en el corazón simbólico del gobierno, que a la hora de crear su primera alianza regional optó por ese recurso como herramienta de integración (Petrocaribe) y que al inaugurar una empresa estatal de distribución de alimentos no le puso "Alimentos Venezolanos", sino algo parecido a PDVSA (PDVAL, Productora y Distribuidora Venezolana de Alimentos).

—¿Cuánto de lo que sucede en Venezuela se explica por el tipo de sociedad y de cultura política que crea el modelo rentista? —le pregunto a Tomás Straka, director del doctorado en Historia de la Universidad Católica Andrés Bello e integrante de la Academia Venezolana de Historia.

—Bastante, porque la mentalidad rentista no es solo una cuestión de las elites, sino algo que está muy asentado en toda la sociedad. Esa idea de abundancia permanente, de que el Estado va a resolver todos los problemas y entonces alcanza con serle fiel, va generando una sociedad de "reclamadores de renta", una economía en la que lo importante no es innovar, ni siquiera extraer más plusvalía, como en el capitalismo clásico, sino sacar más renta. Si te fijas bien, el intento de ajuste de Carlos Andrés Pérez en los años ochenta, que terminó con el Caracazo, fue, comparado con los ajustes de otros países de América Latina, algo más bien tímido, moderado. Pero no pasó. Chávez, en su momento, también intentó dejar este modelo, él tenía muchos problemas, pero hablaba siempre de trabajo, de que la gente se metiera en los procesos y trabajara...

—¿Qué pasa cuando un modelo así, que funcionó razonablemente bien durante décadas, colapsa?

—Un shock tremendo. La sociedad está atravesando algo parecido a un estrés postraumático. Una sociedad acostumbrada a vivir bien, donde los obreros se podían tomar vacaciones, sus hijos estudiaban y progresaban, de repente se encuentra con este panorama. Este es un país que históricamente recibió migrantes, y resulta que ahora se fueron 7 millones de personas. Emigrar es como jugar al fútbol, algo que se hace más o menos hasta los 30 años. Entonces es una generación entera la que se fue. Hoy en Venezuela hay, sobre todo, viejos y chicos, pero pocos jóvenes.

—Cambios como los que atraviesan países que sufrieron una guerra…

—Sí, con la diferencia de que esos países cuentan con una narrativa que les permite explicar lo que pasó. Vas a Polonia y el relato es que estaban atrapados entre Hitler y Stalin. Pero aquí no nos invadió nadie. Fuimos nosotros, las elites, pero también la sociedad, los que construimos este fracaso.

2

El colapso de la economía

Se cortaba con cuchillo el aire ese jueves 14 de noviembre de 2014 en la sala de reuniones principal del enorme edificio de hormigón y vidrio que ocupa el comando de la Organización de Países Exportadores de Petróleo (OPEP) en el Distrito 1, cerca de la catedral de San Esteban y de la Ópera Estatal, en el casco histórico de Viena. Asistidos por media docena de intérpretes, los representantes del cártel discutían.

El gran jugador de la OPEP, Arabia Saudita, había propuesto romper la regla histórica de la organización, aquella que establecía que tras una baja de precios debía producirse un recorte de la producción para recuperar los valores. Su objetivo era enfrentar la principal amenaza que asomaba en el horizonte, el *fracking*, que en los últimos años le había permitido a Estados Unidos reducir su dependencia de las importaciones árabes y comenzar a exportar petróleo y gas licuado a cada vez más países. La delegación saudita sabía que por debajo de los 60 dólares la extracción por fractura hidráulica deja de ser rentable, en tanto que los pozos de petróleo liviano del

Golfo resultan viables incluso con el barril a 30 dólares. Con reservas financieras equivalentes a 500.000 millones de dólares, el reino saudí podía permitirse precios bajos durante el tiempo necesario para estrangular la ascendente industria petrolera estadounidense.

No todos estaban de acuerdo. Ubicada en una situación financiera mucho menos confortable, Venezuela propuso disminuir la producción para inducir un aumento de los precios. Irán, cuya economía, sancionada como la de Venezuela, también atravesaba una crisis profunda, apoyó el planteo del representante venezolano —nótese la paradoja de que la posición de los dos países antiimperialistas beneficiaba a Estados Unidos—. Pero Arabia Saudita —que explica por si sola un tercio de la producción de la OPEP— logró el acompañamiento de sus aliados del Golfo y se impuso. Durante décadas el tercer productor de petróleo del mundo, Venezuela había desempeñado en el pasado un rol fundamental en la OPEP, equilibrando los intereses de los países árabes con los del resto de sus miembros, y resultó decisiva para el relanzamiento de la organización a comienzos de los años 2000. Sin embargo, el resultado de la discusión de 2014 demostró su pérdida de protagonismo y, como consecuencia, la nueva realidad de la OPEP, que ha ido perdiendo su carácter internacional para parecerse cada vez más a un club dominado por las monarquías del Golfo.

El barril de petróleo, que había llegado a 140 dólares en 2008, tocó los 40 dólares en diciembre de 2014, y caería a 30 dólares en 2015.

Todas las causas de la crisis

¿Cuándo comenzó la crisis económica? Con una mirada de largo plazo, cuando el modelo de modernización y ampliación del mercado interno apalancado por el petróleo, iniciado con la primera perforación en 1914, empezó a agotarse, hacia fines de los años setenta. Pero el chavismo gobierna el país desde hace un cuarto de siglo y no ha hecho mucho, ni siquiera en sus momentos de mayor esplendor, por corregir estos problemas; por el contrario, los ha agravado, arrastrando a Venezuela a un abismo económico del que apenas logra salir.

Entonces podemos decir que la crisis se originó cuando Chávez comenzó a acumular inconsistencias económicas, una tras otra. En su primera etapa, por convicción distributiva o por necesidad política —fueron los años del intento de golpe en su contra, del referéndum revocatorio, de los dos plebiscitos por la reelección—, Chávez, que había logrado apoderarse de PDVSA luego de derrotar a la gerencia de la compañía en un largo paro, transitó un camino sostenido de aumento del déficit fiscal, incremento de la deuda externa y achicamiento de las reservas. Amo y señor de Venezuela y estrella en ascenso de la izquierda latinoamericana, Chávez desplegó las misiones sociales, que produjeron una mejora en las condiciones de vida de los sectores populares recordada hasta hoy, protagonizó un activismo internacional a la altura de las grandes potencias, con iniciativas como Petrocaribe y el ALBA, y financió ambiciosos proyectos de desarrollo, todas cosas positivas pero costosas, y en el breve lapso de unos años, el gasto público pasó del 24 al 50% del PBI.[1]

Si hasta ahí la política económica de Chávez no difería tanto de la de otros presidentes venezolanos, que igual que él habían disfrutado más o menos irresponsablemente de la bonanza petrolera, la ola de estatizaciones, iniciada en 2006 como parte del Socialismo del siglo XXI, ya era otra cosa. Un paso en una

---

1. https://www.eleconomista.com.mx/internacionales/Deuda-venezolana-se-triplico-durante-gobierno-de-Chavez-20130331-0096.html

dirección que ninguno de sus pares —ni Lula ni Kirchner ni Evo ni Correa, que a lo sumo ordenaron nacionalizaciones puntuales en sectores estratégicos— se había animado a dar. El imaginario latinoamericano retiene la escena de Chávez caminando por la Plaza Bolívar, preguntando al alcalde de Caracas quién ocupaba el edificio histórico de La Francia —"Unos negocios, comandante"— y ordenando: "¡Exprópiese!". Pero se trataba apenas de unos joyeros. En un par de años, Chávez dispuso la nacionalización de las telecomunicaciones, la electricidad, las industrias básicas en las ramas del hierro, el acero y el cemento, compañías productoras de alimentos, supermercados, hoteles, bancos, fábricas de vidrios y fertilizantes, de lubricantes para automóviles, de envases de aluminio, cartón y ferretería, así como de 3 millones de hectáreas de tierras cultivables.

El efecto de esta ola nacionalizadora fue doble. Por un lado, el Estado gastó unos 23.000 millones de dólares en indemnizaciones a los dueños de las empresas expropiadas; por otro, se verificó, en casi todos los casos, una caída de la producción. La estatización de la siderúrgica Sidor, propiedad del grupo ítalo-argentino Techint, por ejemplo, se saldó con un acuerdo, que Néstor Kirchner se ocupó de gestionar personalmente, por casi 2000 millones de dólares. Una vez controlada por el Estado venezolano, Sidor pasó de 4.300.000 toneladas de acero en 2008 a prácticamente paralizarse en 2020 (en 2022 había logrado recuperar cierto nivel de actividad hasta llegar a 230.000 toneladas, es decir, menos del 5% de su capacidad).[2]

Además de pagar muchas veces en efectivo indemnizaciones astronómicas y aportar recursos fiscales para sostener el déficit de

---

2. https://elpitazo.net/guayana/sidoristas-afirman-que-produccion-en-2022-alcanzo-apenas-un-5-de-su-capacidad/

las empresas nacionalizadas, el gobierno tuvo que compensar la baja de la producción con más importaciones, alentadas por la sobrevaluación sostenida del bolívar generada por el ingreso récord de divisas de las exportaciones de petróleo. Una versión tropical, particularmente exacerbada, de la célebre "enfermedad neerlandesa", denominada así por los descubrimientos de petróleo en el Mar del Norte en los años sesenta y caracterizada por una sobrevaluación del tipo de cambio que facilita las importaciones y mantiene anclada la inflación, preservando —temporariamente— el poder de compra de los salarios, pero que a la larga termina destruyendo cualquier actividad económica alternativa. Las importaciones venezolanas se multiplicaron por cinco —repito: por cinco— entre 2003 y 2013, antes de que comenzara la espiral descendente de la crisis.

Los efectos fueron desastrosos. El alud importador, además de crear enormes oportunidades de corrupción, ahogó la ya de por sí endeble producción no petrolera, que se redujo al mínimo. Venezuela, que en su momento había llegado a exportar cacao, crustáceos, frutas e incluso productos químicos y acero, terminó importando casi todo. Las exportaciones no petroleras pasaron de casi el 30% del total en 1998 —en un contexto, es cierto, de bajos precios del petróleo— a menos del 4% en la actualidad.[3]

¿Intentó Chávez salir de esta trampa? A su modo personalista y alborotado, sí; en 2008, por ejemplo, le pidió ayuda a Kirchner para impulsar la producción de soja y firmó un convenio con el empresario argentino Gustavo Grobocopatel, pero no logró convertir estos raptos de entusiasmo en políticas permanentes.

---

3. https://www.legiscomex.com/Documentos/CRISIS-VENEZUELA-GOLPEA-COMERCIO-EXTERIOR-EMILIANO-CORONA-ACTUALIZACION#:~:text=Indic%C3%B3%20que%20durante%20los%20%C3%BAltimos,840%20millones

Siempre el dólar

Para evitar una devaluación brusca que erosionara los ingresos de los sectores populares y tratar de contener la salida de dólares, el gobierno inició una larga caravana de controles de cambio por medio de una sucesión de organismos, leyes y regulaciones. El primer paso lo dio Chávez en 2003 con la creación —en teoría como mecanismo transitorio— de la Comisión Nacional de Administración de Divisas (Cadivi), reforzada después por la Ley de Ilícitos Cambiarios y continuada tres años más tarde con el Sistema de Transacciones con Títulos en Moneda Extranjera (Sitme) y el Sistema Complementario de Administración de Divisas (Sicad I), al que le sucedió el Sicad II, mientras la Cadivi se transformaba en el Centro Nacional de Comercio Exterior (Cencoex), que gestionaba el nuevo Sistema Marginal de Divisas (Simadi), reemplazado en 2016 por el Sistema de Divisas de Tipo de Cambio Complementario Flotante de Mercado (Dicom).

A pesar de esta ensalada de siglas, el dólar paralelo se consolidó como una realidad permanente. En 2010, un Chávez enfurecido ordenó cerrar las mesas de dinero y las casas de cambio e hizo sancionar una ley que castigaba con penas de prisión no solo las operaciones irregulares, sino incluso la difusión de su valor en redes sociales y medios de comunicación; nacía la "lechuga verde" —y su variante, la "lechuga europea"— como modo de evitar la censura. Capturar los dólares baratos que vendía el Estado se estaba convirtiendo en la principal vía de enriquecimiento de los venezolanos; en mayo de 2015 se conoció el caso de una empresa que importaba cortadoras de césped de uso familiar por 12.300 dólares cada una (costaban unos 500),[4] aprovechando la brecha entre el dólar oficial (6,3 bolívares) y el paralelo (280).

---

4. https://www.nytimes.com/2015/05/06/universal/es/importadores-malversan-millones-en-venezuela-y-hunden-la-economia.html

El otro ingrediente de la crisis, en buena medida reflejo de los anteriores, era la deuda. Favorecido por los precios del petróleo y la liquidez internacional, el gobierno contrajo una serie de préstamos que triplicaron el valor absoluto de la deuda pública, que pasó de 50.000 a 150.000 millones de dólares entre 2006 y 2013, incluyendo la deuda de PDVSA y la creciente deuda con China. Los recursos parecían infinitos. El economista Manuel Sutherland calcula que entre 1999 y 2015 ingresó a Venezuela un trillón de dólares, el equivalente —en valores constantes— a diez veces el Plan Marshall.[5]

Chávez, presionado siempre por alguna urgencia política, actuaba como si el precio del petróleo nunca fuera a caer. En 2012, cuando los desajustes macroeconómicos ya eran evidentes, apeló a una nueva expansión del gasto público para enfrentar la dura campaña presidencial contra Henrique Capriles. Pero la economía había ido acumulando una serie de problemas dificilísimos de resolver, que pronto estallarían. ¿Por qué no se encararon antes? ¿Por qué Chávez, que había sido advertido de lo que se avecinaba, se negó a enfrentarlos? La explicación puede encontrarse tanto en la irresponsabilidad del liderazgo como en las características del país.

Acostumbrada a la abundancia, la sociedad venezolana guarda una memoria de bienestar, en contraste con la demanda reprimida de otros países latinoamericanos, que hace muy difícil que acepte un ajuste. Como señalamos antes, el nudo venezolano conecta una economía monodependiente, una sociedad miamizada y una política incapaz de pactar soluciones. Pero el mercado es como los karatecas de Cobra Kai, que no conocen la piedad, así que el ajuste se produciría de todos modos, y de la peor manera.

---

5. https://www.sinpermiso.info/textos/venezuela-la-crisis-economica-y-el-efecto-de-las-sanciones-entrevista

Chávez murió el 5 de marzo de 2013; al año siguiente, los representantes saudíes imponían su criterio en la reunión en la sede vidriada de la OPEP.

El desenlace

Quiso la historia que fuera Maduro el encargado de enfrentar las consecuencias de las tensiones acumuladas durante quince años. ¿Hubiera sido diferente con Chávez? Casi todos los venezolanos con los que hablé distinguen claramente a un líder de otro, y la mayoría cree que el carisma de Chávez, su ascendencia natural sobre los militares y su bien ganada legitimidad popular podrían seguramente haber marcado un camino político diferente, pero son pocos los que imaginan otro trayecto económico, básicamente porque —como venimos contando— las bases de la crisis ya estaban creadas; el mismo Chávez las había fabricado.

Como sea, Maduro no era Chávez, pero era el que estaba ahí, al frente del país en ese momento imposible. Con el sector no petrolero disminuido, los precios de los hidrocarburos en baja y los mercados de deuda cerrados, Venezuela se quedó sencillamente sin dólares, frente a lo cual se abrían dos opciones: reestructurar la deuda —una salida al estilo de la Argentina— o recortar importaciones —y sufrir las consecuencias—. Ahí estaba el nudo entre economía, sociedad y política, y fue esta última la que impidió avanzar con una renegociación que permitiera aliviar el peso de los compromisos externos: la oposición, que había ganado las elecciones legislativas de 2015 y sufría el acoso del chavismo, bloqueó en la Asamblea Nacional los proyectos de reestructuración (y no era que el gobierno fuera renuente a imponer este tipo de decisiones por decreto presidencial, pero un canje de deuda exitoso requería un respaldo legal que despejara la incertidumbre).

El colapso de la economía

Bloqueada la primera opción, el gobierno no tuvo más remedio que avanzar por el segundo camino. Las importaciones pasaron de 66.000 millones de dólares en 2012 a menos de 12.000 en 2015, lo que produjo un brutal desabastecimiento y un freno en seco de la economía, que se quedó sin insumos para producir. Y aunque algunos miembros del gabinete, como el en ese entonces poderoso presidente de PDVSA, Rafael Ramírez, sugirieron un ajuste fiscal estabilizador, la idea estaba fuera de discusión. Maduro había ganado las elecciones presidenciales por una diferencia estrecha, aún no había consolidado su liderazgo en el interior del bloque chavista y tenía que enfrentar a una oposición fortalecida. Previsiblemente, el bolívar se pulverizó; entre el comienzo de la crisis en 2013 y fines de 2019 se devaluó 7.208.437.400, 34%.[6] La inflación acompañó esta disparada; a fines de 2017, cuando al cuadro general se habían sumado la caída de la producción de petróleo y las sanciones, la suba de precios adquirió un ritmo weimariano.

El signo más visible de la crisis fue la escasez. El Gordo Dimas es uno de los contactos caraqueños de Magdalena Yaracuy, la investigadora-bruja que protagoniza *La ola detenida*, la notable novela policial de Juan Carlos Méndez Guédez. Magdalena vuelve a Caracas de su exilio en Madrid con el encargo de encontrar a una joven española desaparecida luego de presenciar un asesinato político y buscada por los colectivos chavistas, la policía y los servicios de inteligencia. Lo primero que hace es contactar al Gordo, su antiguo compañero de colegio. Baqueano de una ciudad en llamas, el Gordo Dimas se entera antes que nadie de cuanto crimen sucede en los barrios, puede entrar en una morgue oficial sin pedir permiso y es capaz de conseguir una granada si se lo piden, pero huele a mujer porque no consigue desodorante masculino.

---

6. https://nuso.org/articulo/venezuela-Maduro-dolarizacion/

"Primero consigo una 9 milímetros que un kilo de café", le dice a Magdalena.

La crisis económica era un problema latinoamericano. La baja de los precios de los *commodities* iniciada en 2014 impactó en todas las economías de la región y contribuyó al fin del ciclo de gobiernos progresistas. Sin embargo, en ningún país se vivió de manera tan dramática como en Venezuela. Tres factores vinculados entre sí ayudan a explicarlo.

El primero —que ya mencionamos— es la política económica del chavismo, que se alejó de la prudencia de otros presidentes de izquierda que garantizaron, como Evo, Lula y Correa, manejos macroeconómicos más sensatos. (El otro caso de alta inflación, devaluaciones y déficit fiscal crónico es la Argentina, donde el dólar también amenaza con imponerse como moneda, lo que quizá se explique al tratarse de los dos países latinoamericanos que disfrutaron de décadas de bonanza y donde los ajustes económicos correctivos se hacían más difíciles de implementar).

El segundo factor es el desplome de la producción petrolera, que había llegado a 3,3 millones de barriles diarios en 1997 y que luego del paro de la gerencia de PDVSA de 2002-2003 y de la toma de control de la empresa por parte de Chávez se situó en unos 2,4 millones,[7] cifra que se mantendría durante años.[8] A partir de 2014 la producción comenzó a disminuir de manera sostenida. Probablemente no ayudó la decisión de Maduro de desplazar a Rafael Ramírez, responsable de la gestión petrolera del chavismo,

---

7. https://nuso.org/articulo/las-contradicciones-de-pdvsa-mas-petroleo-a-estados-unidos-y-menos-a-america-latina/

8. https://www.infobae.com/america/venezuela/2020/06/17/la-produccion-de-petroleo-de-venezuela-continua-su-desplome-es-la-mas-baja-en-casi-80-anos/

El colapso de la economía

y designar al frente de la compañía a una sucesión de funcionarios entre los cuales figuraban un militar sin experiencia en la materia, famoso por haber reprimido las manifestaciones de 2014, y un primo de Chávez, igualmente desprovisto de *expertise*. Los números son elocuentes: antes —insisto, antes— de que Donald Trump impusiera las primeras sanciones, la producción ya había bajado a menos de 1,5 millones de barriles diarios; se redujo a cerca de un millón en 2018 y a unos 700.000 en 2020, al inicio de la pandemia, cuando el freno de la economía global la llevó a un mínimo histórico de menos 300.000 barriles. Hoy, luego de los acuerdos con Estados Unidos y el regreso de Chevron, se ha recuperado un poco: unos 685.000 barriles diarios, es decir, menos de un tercio de la media de la era Chávez y de un quinto del pico de la etapa prebolivariana.

El tercer factor son las sanciones. Hasta 2017 eran molestas pero simbólicas, se limitaban a castigar a dirigentes chavistas prohibiéndoles abrir cuentas en el exterior. Comenzaron a sentirse un año después, cuando Trump le prohibió a Venezuela contraer préstamos en los mercados financieros de Estados Unidos e impidió reestructurar la deuda de PDVSA —la renegociación de la deuda del Estado, como señalamos, había sido bloqueada por la oposición—. La pérdida del crédito dificultó la operación cotidiana de la petrolera, que requiere un refinanciamiento constante y un flujo permanente de inversiones para sostener la producción. La segunda tanda de sanciones, impuesta en 2019, directamente bloqueó las ventas de petróleo a Estados Unidos, adonde hasta el momento se dirigía un tercio de las exportaciones. Al mismo tiempo, y con el argumento de que el "presidente legítimo" no era Maduro, sino Guaidó, Estados Unidos y otros países occidentales retuvieron miles de millones de dólares de activos venezolanos en el exterior, que el gobierno podría haber vendido para enfrentar el estrangulamiento financiero, desde las reservas de oro depositadas en el

Banco de Inglaterra hasta las ganancias de CITGO, la empresa de gasolinerías de PDVSA en Estados Unidos.

Las sanciones, entonces, profundizaron una crisis que ya existía. La empresa rusa Rosneft dejó de trabajar con Venezuela cuando Washington la amenazó con cerrar sus operaciones en Estados Unidos. Los problemas se multiplicaban. Como el crudo venezolano es muy pesado y no puede circular por oleoductos, necesita disolventes para convertirse en una sustancia exportable. Las sanciones impedían seguir importando esos químicos de Estados Unidos, lo que obligó al gobierno a recurrir a aliados como Irán, con el consiguiente aumento del costo de los fletes. Cerrados en su mayoría los mercados occidentales, Venezuela tuvo que buscar destinos alternativos —más lejanos— para su petróleo, como India. Y al no poder venderles el crudo a las grandes compañías internacionales, se vio obligada a organizar complejas maniobras de trasvasamiento en altamar o tercerizar la venta a través de empresas navieras fantasma con sede en paraísos fiscales, barcos que se desplazaban con los transmisores apagados y pagaban un precio obviamente menor. La opacidad que todo esto generaba abrió una enorme oportunidad para desviar fondos, como muestra el caso de Tareck El Aissami, uno de los hombres fuertes del chavismo, ex vicepresidente y gobernador, desplazado de su cargo de ministro de Petróleo bajo acusaciones de corrupción.

Antes de pasar al capítulo de la dolarización, retomemos ahora la pregunta del comienzo. ¿Cuándo empezó la crisis económica? ¿Quién es el responsable? El declive —decíamos— reconoce un ciclo largo, que empezó en los años setenta, con el agotamiento del modelo de modernización sobre la base del petróleo, y que logró morigerarse, hasta el punto de parecer que había desaparecido, en la primera década del siglo XXI, gracias a la disparada de los precios. Sin embargo, la política económica bolivariana, que durante años y años combinó ingresos extraordinarios, un gasto fiscal desaforado y un endeudamiento suicida, llevó nuevamente a una situación crítica. A partir de 2014, la caída de los precios se conjugó con la muerte del líder y el conflicto político, y luego con las sanciones, para terminar de hundir a Venezuela en el abismo económico.

Los números son elocuentes. El PBI cayó 3,9% en 2014, 6,2% en 2015, 17% en 2016, 15,7% en 2017, 19,7% en 2018, 22% en 2019 y 10% en 2020.[9] Recién a partir de 2021 —como analizaremos a continuación— se produjo una recuperación. Considerado el ciclo completo 2014-2020, la caída fue similar a la experimentada por Nicaragua durante el conflicto interno de los años ochenta o, más acá en el tiempo, por Siria durante los años de la guerra. Entre el comienzo de la crisis en 2014 y su finalización seis años después, el PBI venezolano se redujo aproximadamente el 75%.[10] Insisto, la economía venezolana es hoy un cuarto de lo que era, es decir, un tamaño similar al de República Dominicana, con el detalle de que tiene… casi tres veces más habitantes. Per cápita, el PBI se sitúa hoy en unos 3500 dólares,[11] aproximadamente la mitad del de Colombia o el de Perú. Para recuperar el PBI de 2013, Venezuela debería crecer a un ritmo de 5% promedio durante treinta años.

---

9. Todos datos de https://datosmacro.expansion.com/pib/venezuela

10. https://library.fes.de/pdf-files/bueros/caracas/18583.pdf

11. https://es.statista.com/estadisticas/1267998/producto-interno-bruto-per-capita-en-venezuela/#:~:text=Producto%20interno%20bruto%20per%20c%C3%A1pita%20en%20Venezuela%201985%2D2024&text=El%20producto%20interno%20bruto%20(PIB,constante%20por%20casi%20una%20d%C3%A9cada.

3

La dolarización como salida

En agosto de 2020 se inauguró en Terrazas del Ávila, un barrio de urbanizaciones de clase media del norte de Caracas, el supermercado Megasis, instalado en un galpón de 20.000 metros cuadrados que antes había pertenecido a la cadena franco-colombiana Éxito, expropiada por Chávez en 2010. Abastecido con mercadería traída de Irán por el *Golsan*, un gigantesco carguero de 22.000 toneladas que había atracado en las costas venezolanas unas semanas antes, el Megasis había sido decorado para el día solemne de su inauguración con globos verdes, rojos y blancos, los colores de la bandera iraní. Además de los gerentes del supermercado y de las autoridades venezolanas, participó en el evento el embajador de ese país, Hojjatola Soltani, quien presentó el supermercado como una prueba de la amistad entre ambas naciones. Y aunque algunos productos —cuadernos para escribir en farsi de derecha a izquierda, por ejemplo— resultaban decididamente poco atractivos, muchos otros —mermelada de zanahorias, cordero enlatado halal, alfombras persas— eran verdaderos tesoros en un país que ya llevaba varios años de desabastecimiento. La amplia oferta de generadores eléctricos de fabricación iraní resultaba ilustrativa de los problemas de desarrollo de los dos socios, que sufrían apagones crónicos pese a ocupar el primer puesto (Venezuela) y el cuarto (Irán) en reservas de hidrocarburos del planeta.

Dos años después de su inauguración visité el Megasis y me encontré con un ambiente bastante desolado. El supermercado seguía funcionando, pero las góndolas estaban preparadas para albergar tres o cuatro veces más productos que los exhibidos, y las heladeras vacías habían sido tapadas con plásticos blancos. El personal se paseaba sin mucho que hacer, y casi no se veían clientes. Esa mañana éramos apenas dos o tres personas las que mirábamos una sartén eléctrica iraní a 100 dólares, té de hierbas, pepinos en vinagre y libros infantiles con personajes de Disney, por otra parte bastante imperialistas. Compré unos dátiles para Carlos Díaz, el director de Siglo XXI Editores, y unas golosinas de miel para mis hijos, y cuando pagué en una de las dos cajas habilitadas —de un total de 30—, me regalaron unas galletas de trigo y una malta —la cerveza sin alcohol que se toma en muchos países islámicos y que se consume también en Venezuela—. Atravesé el gigantesco estacionamiento vacío bajo el sol abrasador del mediodía caraqueño y pasé la línea de ingreso con las tres banderas (la de Irán, la de Venezuela y la de Megasis) pensando que no hacía falta ser Alfredo Coto para darse cuenta de que algo en ese supermercado no funcionaba.

Pero tratemos de evitar la folclorización. Puede que la venta de productos fabricados para un clima, unos patrones de consumo y una cultura completamente distintos, y transportados más de 10.000 kilómetros en barco, no tenga mucho sentido, pero la alianza entre Irán y Venezuela sí la tiene. El apoyo persa resultó clave para que Maduro pudiera sortear las sanciones en los momentos más difíciles de la crisis económica, y Teherán encontró en Caracas un aliado estratégico y un conveniente factor de provocación en

La dolarización como salida

su disputa con Estados Unidos. Aunque hoy el abastecimiento se ha normalizado, no hay venezolano que no recuerde los años de escasez y el modo en que finalmente la economía logró superarla: asumiendo el dólar como moneda semioficial.

El lento camino a la dolarización

La dolarización comenzó espontáneamente hacia 2018, luego de varios años de inflación alta y uno de hiperinflación. Había ya algunos antecedentes. Los venezolanos que vivían en la frontera con Colombia se habían acostumbrado a usar el peso colombiano para sus transacciones cotidianas, en la frontera con Brasil recurrían al real y en las regiones mineras del Orinoco incluso intercambiaban pepitas de oro. El bolívar ya no se utilizaba como reserva de valor; todo aquel que lograba ahorrar algo lo hacía en dólares, en general abriendo cuentas en Estados Unidos o Panamá —de hecho, dos de los principales bancos panameños son de capital venezolano y tienen el mismo nombre que en Venezuela, Banesco y Mercantil—. Luego, el bolívar fue perdiendo su función de medio de cambio; al principio las viviendas, los autos y los insumos para la industria, después los electrodomésticos y las motos y, finalmente, el pan, las arepas y los viajes en taxi; todo se paga hoy en dólares. Sucede que, desde la llegada de Chávez al poder en 1999, Venezuela pasó del "bolívar", el signo monetario histórico, al "bolívar fuerte" —el uso del adjetivo en la misma denominación ya revela una impotencia, porque una moneda no proclama su solidez, simplemente la ejerce—. De ahí pasó al "bolívar soberano" y más tarde al "bolívar digital". El resultado es que, desde el comienzo del chavismo hasta hoy, el bolívar perdió 14 ceros, es decir que su valor se dividió por cien billones.

El apagón de marzo de 2019 aceleró el proceso. El pago a través de medios electrónicos se había extendido mucho, como una forma práctica de evitar el engorro de tener que andar cargando montañas de billetes, y los "puntos de pago" estaban habilitados desde hacía ya varios años en supermercados, hoteles y tiendas, pero también en pequeños comercios y hasta en puestos de venta callejera. Cuando el país quedó súbitamente a oscuras, la posibilidad de pago electrónico desapareció. Y como los cortes se extendieron intermitentemente durante días —dos semanas después del primer apagón general se produjo un segundo corte en 16 estados, y a los pocos días, un tercero—, el dólar terminó de imponerse.

El gobierno, que durante dos décadas lo había combatido, miró primero con sorpresa, después con resignación y por último con indisimulable alegría los efectos de la dolarización. "Gracias a Dios existe la dolarización", llegó a afirmar Maduro. La "NEP de Maduro", como la llamaron algunos venezolanos en referencia a la Nueva Política Económica implementada por Lenin en 1921, fue avanzando. En enero de 2019 el gobierno derogó la Ley de Ilícitos Cambiarios, que penalizaba la compra de dólares por fuera del circuito oficial, y aceleró el giro ortodoxo, que incluyó un nuevo marco legal para el megaproyecto denominado "Arco Minero del Orinoco" y una Ley Antibloqueo (Ley Constitucional Antibloqueo para el Desarrollo Nacional y la Garantía de los Derechos Humanos) para fomentar la inversión extranjera, que comenzó a llegar lentamente. Incluso empezaron a darse los primeros pasos para reprivatizar algunas empresas estatizadas.

La perestroika sin *glasnost* de Maduro produjo sus primeros resultados, tímidos pero visibles; la inflación, que había llegado a 130.000% en 2018, se redujo a 19.000 en 2019, 2355% en 2020, 1533% en 2021, 320% en 2022 y 193 en 2023.[1] Tras un comienzo con dificultades, el gobierno finalmente logró crear, con apoyo de

---

1. https://es.statista.com/estadisticas/1190213/tasa-de-inflacion-venezuela/

Rusia, Irán y Turquía, un sistema para evadir las sanciones y seguir vendiendo petróleo, lo que permitió recuperar parte de los ingresos de divisas. En 2021, por primera vez desde 2014, la economía creció: 2,5% de aumento del PBI, muy por debajo del promedio latinoamericano —a su vez más bajo que el mundial—, pero marcando un quiebre en la tendencia, que se repetiría en los años siguientes, con un crecimiento de 12% en 2022[2] y de 5% en 2023.

La dolarización no es total. Formalmente, el bolívar sigue siendo la moneda nacional. La mayoría de los negocios acepta billetes norteamericanos, pero no utilizan la clásica denominación "USD", sino que recurren a la abreviación "ref" (de "referencia") o directamente "#" —que no significa nada pero todos saben que significa "dólares"—. Una Coca-Cola puede costar, digamos, "2 ref" o "# 2". La dolarización transaccional y comercial es prácticamente total; los precios y muchos salarios están fijados en dólares, aunque puedan pagarse en bolívares a la tasa de cambio del día, una especie de convertibilidad. Pero no se ha avanzado en una dolarización institucional; el Estado cobra sus impuestos y les paga a sus empleados (2,8 millones)[3] y a los jubilados (4,5 millones)[4] en bolívares. Tampoco se ha aceptado la dolarización financiera plena. Es posible abrir cuentas en dólares, pero funcionan como una caja de seguridad, hay que depositar el dinero en efectivo, no se puede

---

2. https://repositorio.cepal.org/server/api/core/bitstreams/18052be0-dcaf-448b-b02e-5244cd422b66/content#:~:text=Luego%20de%20ocho%20a%-C3%B1os%20de,y%20la%20normalizaci%C3%B3n%20de%20actividades

3. https://thinkanova.org/2020/09/22/breve-resena-del-mercado-laboral-venezolano-que-dicen-los-datos-mas-recientes/

4. https://www.bbc.com/mundo/noticias-america-latina-54413303?at_custom2=twitter&at_custom3=BBC+Mundo&at_campaign=64&at_medium=-custom7&at_custom1=%5Bpost+type%5D&at_custom4=ED86F556-2C4E-11EB-814B-CA7E96E8478F

transferir a cuentas de otro banco ni emitir tarjetas de crédito. El comercio electrónico, por su parte, se tramita en bolívares. Y aunque el dólar es tanto una referencia como un medio de pago, parece difícil, dada la cantidad de salarios estatales y las dificultades financieras, que Venezuela complete el proceso hasta llegar a una dolarización plena al estilo de Ecuador o Panamá.

En todo caso, la dolarización permitió recuperar cierto optimismo. El chavismo comenzó a hacer circular la famosa idea: "Venezuela se arregló". En realidad, lo que pasó fue que, asesorado por un grupo de economistas ecuatorianos enviado por Rafael Correa y concentrando cada vez más responsabilidades en la vicepresidenta Delcy Rodríguez, el gobierno decidió retroceder a lo más básico, devolverle al país algo parecido a una moneda. Sucede que, contra lo que sostienen las visiones más cuadradamente monetaristas, la moneda no es una simple cuestión del Banco Central, sino el signo fundante de un orden social, una necesidad de la gente —de hecho, cuando no existe un Estado que acuñe y respalde una moneda, los integrantes de una comunidad se inventarán la propia, se trate de la sal en la Antigüedad, las rodajas de pan en Auschwitz o las tarjetas telefónicas en las cárceles—. Privada durante años de moneda, la economía venezolana logró finalmente tocar un piso y comenzar una —frágil pero visible— recuperación.

La economía ilegal y el colapso del Estado

Para que haya dolarización tiene que haber, lógicamente, dólares. Y esos dólares provienen de diferentes fuentes: los ahorros de un sector de la población, que estaban a la espera de que se abrieran oportunidades para gastarlos o invertirlos; las remesas, que se estima llegan a aproximadamente el 25% de las familias venezolanas;[5] cierta recuperación, aún lenta, del turismo, y los ingresos en dólares, una novedad de los últimos años, que percibe un sector minoritario pero significativo de la sociedad, como el de profesionales que con la pandemia comenzaron a trabajar a distancia para otros países, informáticos, profesores de inglés, abogados, empleados jerárquicos de empresas extranjeras que negocian parte de su salario en divisas, una informalidad próspera —lo que en la Argentina se conoce como "barrani"— que logra ingresos más o menos regulares en dólares.

Pero la principal fuente alternativa de dólares es la economía ilegal. En los últimos años, Venezuela se fue convirtiendo en un núcleo regional de actividades ilícitas, por el colapso del Estado y por el privilegio de su ubicación geográfica.

En *El poder del perro*, la novela-enciclopedia sobre el origen del narcotráfico en México, Don Winslow cuenta que las bandas mexicanas lograron imponerse sobre sus competidoras colombianas cuando descubrieron que su negocio no pasaba por cultivar marihuana o amapola en sus territorios de Sinaloa, sino por el control monopólico de un activo único: la frontera.

Venezuela no linda con Estados Unidos, pero dispone de una extensa frontera terrestre con Colombia, Brasil y Guyana y una frontera marítima con las islas británicas, neerlandesas y francesas del Caribe, a tres horas y media de avión de Miami, y por lo tanto ocupa una posición ideal para el tráfico de todo tipo de cosas. Los especialistas sostienen que parte de la cadena narco, arrinconada por la guerra contra las drogas en Colombia, se ha ido desplazando hacia Venezuela, donde las bandas aprovechan el caos económico y la laxitud de los controles para almacenar

---

5. https://www.bloomberglinea.com/2022/04/11/cual-ha-sido-el-impacto-de-las-remesas-en-venezuela-durante-el-ultimo-ano/

y últimamente también procesar la cocaína, que luego exportan a otros países.[6]

Pero la economía ilegal no refiere solo a tráficos prohibidos, de armas, drogas o personas, sino también a actividades lícitas que se tramitan de manera criminal. Me detengo brevemente en el contrabando de combustible, con una larga tradición en Venezuela, que ayuda a entender por qué la economía en negro es parte inescindible de la dolarización.

Durante muchos años, la gasolina costaba en Venezuela más o menos lo mismo que una botella de agua mineral o un mango en la calle, menos por una decisión meditada que por el temor instintivo de los diferentes gobiernos a reeditar el Caracazo, la rebelión desatada justamente como reacción a un incremento del precio del combustible. Los intentos por establecer diversos sistemas de racionamiento, a través de las matrículas de los autos o el Carnet de la Patria, resultan siempre imperfectos, y la gasolina se escapa de los controles. Ante la ausencia de actividades económicas alternativas, el contrabando de combustible es una de las principales ocupaciones en la frontera con Colombia, formando una cadena que comienza con los mayoristas —que mediante contactos con los militares encargados de controlar el abastecimiento desvían al mercado ilegal cientos de miles de litros—, sigue con el almacenamiento en patios de acopio, el fraccionamiento y por último la venta callejera en bidones, sin contar las bandas armadas, integradas por militares y ex militares venezolanos y disidentes colombianos de las FARC, que organizan las "caravanas" y cobran las "vacunas" (coimas). La imagen de pequeñas tiendas con racimos de bidones apoyados en el piso de tierra es un paisaje habitual en la frontera colombo-venezolana,

---

6. https://transparencia.org.ve/economias-ilicitas/wp-content/uploads/2022/06/ECONOMIAS-ILICITAS-EN-VENEZUELACapitulo1.pdf

la más caliente de América Latina. Algo parecido sucede con los alimentos que el Estado distribuye a través de los Comités Locales de Abastecimiento y Producción (CLAP) u ofrece subsidiados, que son desviados del circuito oficial, trasladados a Colombia y vendidos allí a un precio varias veces mayor. Esto obliga a los venezolanos que viven en la frontera a cruzarla para comprar harina, aceite o azúcar, lo que a su vez da como resultado que Colombia exporta a Venezuela alimentos… venezolanos.

La funcionalidad de la economía ilegal es evidente. Las exportaciones, sean estas de cocaína traída de Colombia, oro extraído de las minas ilegales del Orinoco o combustible desviado de los circuitos oficiales, garantizan un flujo de dólares que luego ingresa en el mercado, alimentando de divisas a un país siempre sediento de dólares. Además, cumple una función social, genera puestos de trabajo en zonas desprovistas de actividades productivas, empleos para personas con bajos niveles de capacitación que no encuentran otros medios para sobrevivir. Sobre todo en los momentos más difíciles de la crisis, la economía ilegal contribuyó a mantener una actividad mínima en los lugares más apartados de Venezuela.

Por supuesto, también es un problema. Además de los obvios perjuicios fiscales, la economía ilegal habilita todo tipo de abusos y violaciones de los derechos humanos por parte de las bandas criminales y de los militares y policías que en teoría deberían controlarlas. Es una fuente de accidentes no declarados —no es difícil imaginar el riesgo que implica el tráfico desbocado de combustible— y un foco de nuevas-viejas enfermedades; en 2016, por ejemplo, Venezuela registró 250.000 casos de malaria, casi la mitad de los relevados en todo el continente americano, concentrados en las zonas mineras, donde las lagunas artificiales y la ausencia de controles facilitan la trasmisión del parásito.

En una mirada más profunda, la expansión de la economía ilegal es una muestra del colapso estructural del Estado venezolano.

Venezuela

Se asienta en aquellos lugares a los que el Estado no llega, las "zonas marrones", según la célebre definición de Guillermo O'Donnell,[7] espacios ubicados lejos de los centros de poder político en los que la autoridad pública no es capaz de ejercer su poder coercitivo ni garantizar la legalidad de las relaciones sociales, los derechos civiles no se respetan y el Estado es reemplazado por poderes ilegales —a veces liderados por los mismos funcionarios supuestamente encargados de hacer cumplir la ley—. Venezuela, que durante muchos años dispuso de una estatalidad poderosa, había logrado mantenerse al margen de este drama, que afecta a países como Colombia, Perú e incluso Brasil, pero ahora también lo sufre.

Este panorama de debilidad estatal "por abajo" se corresponde con un proceso de patrimonialización del Estado "por arriba", diversos grupos político-militares que se reparten los recursos públicos en articulación con negocios privados, un poco al estilo de los "oligarcas" que germinaron en Rusia luego de la desaparición de la Unión Soviética —solo que mucho más pobres—. Quienes han recorrido ese Far West que es la zona minera del Orinoco cuentan que todos allí saben a qué funcionario pertenece una u otra mina.

Pero conviene no confundirse. El Estado venezolano podrá estar carcomido por la corrupción y afectado por la ineficiencia, pero no es débil. No es, por caso, un Estado centroamericano. Muchos años atrás cené en Guatemala con el entonces presidente, Álvaro Colom, quien me contó que poco después de asumir el gobierno compartió una cumbre de jefes de Estado con Juan Carlos, el rey de España. Viejo zorro de la política latinoamericana, el rey le preguntó a Colom cuál era la base impositiva de su economía, cuántos impuestos efectivamente recaudaba. "Menos del 15% del

---

7. Guillermo O'Donnell, *Democracia, agencia y Estado. Teoría con intención comparativa*, Buenos Aires, Prometeo, 2010.

La dolarización como salida

PBI", le respondió Colom. "Pero, hombre, entonces usted no tiene Estado", respondió Juan Carlos.

Venezuela no es Guatemala. Alcanza con recorrer los alrededores de la Plaza Bolívar de Caracas para comprobar la cantidad ministerios, organismos y reparticiones que integran la administración pública nacional. El país cuenta con unos 2,8 millones de empleados públicos, lo que equivale a alrededor de un cuarto de la población económicamente activa. No se trata entonces de que en Venezuela "no hay Estado", sino de que lo hay, pero en algunos lugares o para algunas cosas. La faz represiva, por caso, está sobredesarrollada, con cuerpos de seguridad, organismos de inteligencia y militares omnipresentes, mientras que el Servicio Nacional Integrado de Administración Aduanera y Tributaria (Seniat) recauda sin piedad de los sectores que operan en blanco.

4

El socialismo de la desigualdad

El signo más visible de la dolarización es el de los bodegones. Expresiones del curioso mix entre una cultura de consumo históricamente habituada a modelos estadounidenses —donde una torre elegante en Los Palos Grandes se llama, por ejemplo, "First Avenue"— y las restricciones de la economía bolivariana, los bodegones se fueron multiplicando como el emblema de la nueva etapa económica. Aunque el abastecimiento es desordenado y los precios son caóticos, ofrecen desde fideos italianos y aceite de oliva portugués hasta papas fritas estadounidenses y mayonesa francesa. Algunos copian aspiracionalmente los nombres extranjeros, como el Mini Walmart de Puerto Cabello, que no guarda ninguna relación con los establecimientos estadounidenses, por más que comparta marca y logo, o el café abierto en 2021 en el supermercado Yeet!, en Las Mercedes, una zona acomodada de Caracas, cuyos dueños tuvieron la buena idea de utilizar como logo la famosa sirena de Starbucks y el lema "We Proudly Serve". El *fake* Starbucks ofrecía cafés de colores a 5 dólares y hasta anotaba con un marcador el nombre del cliente en el vaso de plástico para llamarlo cuando estuviera listo, pero carecía de cualquier vínculo con la cadena, que salió rápidamente a aclarar que no operaba en Venezuela.

Como señalamos en el capítulo anterior, la dolarización permitió devolverle a una economía descoyuntada cierta unidad de medida, la estabilizó y reactivó algunas actividades, generando un alivio instantáneo y un crecimiento moderado. Sin embargo, en el largo plazo produce una serie de consecuencias negativas ampliamente estudiadas.

En primer lugar, la recuperación es de patas cortas. El rebote del consumo arrastra a unas pocas actividades de bajo valor agregado, pero no llega acompañado por un aumento de la producción equivalente ni es un motor de grandes inversiones. En lo que algunos economistas llaman un "capitalismo elitista bodegonero",[1] el repunte se limita a emprendimientos que van directamente de la aduana a la mesa.[2] Por otro lado, la dolarización —incluso si es parcial— limita la capacidad del gobierno para reaccionar devaluando la moneda nacional ante un shock externo desestabilizador y obliga a una gimnasia de ajuste permanente para poder sostenerla. Quizá podrá funcionar —hasta cierto punto— en países como Panamá, con 4 millones de habitantes, un Estado pequeño y una economía especializada en servicios financieros, logística y turismo. O en los estados del Golfo Pérsico, que mantienen un tipo de cambio fijo con el dólar, pero disponen de altísimas reservas internacionales, a las que recurren cuando bajan los precios —y donde más o menos la mitad de la población es inmigrante y puede ser expulsada ante la primera recesión—. Pero en países más grandes y complejos la dolarización es una fuente de problemas, económicos y de otro tipo, como lo demuestra el caso de Ecuador.

---

1. https://library.fes.de/pdf-files/bueros/caracas/18583.pdf

2. https://prodavinci.com/2022-recuperacion-economica-y-desigualdad/

El socialismo de la desigualdad

Su efecto más negativo es una profundización de la desigualdad redefinida a partir del acceso al dólar. El punto de comparación más adecuado es Cuba, que incorporó el dólar como segunda moneda a comienzos de los años noventa, luego de la caída de la Unión Soviética y el inicio de lo que Fidel Castro llamó eufemísticamente el "Período especial", una decisión desesperada que transformaría para siempre la estructura social de la revolución; antes de la dolarización, todos los cubanos cobraban en pesos salarios bastante similares —y podían comprar con ellos unas pocas cosas, que se ofrecían en tiendas deprimentes y polvorientas—. Salvo para una pequeña nomenklatura, la riqueza no existía. La caída del Muro de Berlín puso a Cuba ante un escenario que en ciertos aspectos recuerda a Venezuela: desplome del PBI, bloqueo de Estados Unidos, emigración masiva —es decir, remesas— y la necesidad de atraer inversiones extranjeras. Así como Venezuela depende del petróleo, Cuba dependía de la asistencia soviética. Súbitamente privada de ese apoyo, cayó en la crisis que Leonardo Padura recuerda en *El hombre que amaba a los perros*: kilómetros y kilómetros pedaleando en una bicicleta china para conseguir algo de comida.

La experiencia cubana enseña que la dolarización consolida una dualidad muy dañina, que crea dos circuitos económico-sociales diferenciados. Una elite en divisas, que disfruta de patrones de consumo equivalentes a los de los países desarrollados, y una enorme masa de la población que se las rebusca como puede y en moneda local.

Pero también tiene sus ventajas. Un inesperado aspecto positivo es el auge del emprendedurismo. Por más aislada que esté, Venezuela no es ajena a las grandes tendencias de la globalización, que ha encontrado en la meritocracia emprendedora el nuevo mito de autojustificación del capitalismo. Pueden verse, incluso en los barrios más pobres, los negocios montados en los bajos de las casas: barberías, venta de "tetas" —helados caseros elaborados con jugo de fruta dentro de una bolsita anudada, que por el peso adquieren la forma de una teta—, alquiler de "puntos de pago", venta de bidones de agua y mil etcéteras, un nuevo espíritu capitalista que algunos optimistas creen que puede ser el germen de un cambio social que ponga fin al modelo cultural rentista.

Sin embargo, no todos pueden "matar tigres" aprovechando los entresijos del nuevo modelo. Entre los más castigados se encuentran los empleados estatales, condenados a cobrar en bolívares y a vivir pendientes del "bono", los pagos extraordinarios que de tanto en tanto dispone el gobierno. Los trabajadores del Estado aprovechan la baja exigencia para rebuscárselas con otra actividad o, los que tienen más suerte, para ejercer una microcorrupción —acelerar un trámite, gestionar un turno— que se justifica por la anemia salarial crónica. El viejo chiste soviético —"Nosotros hacemos de cuenta que trabajamos, y el Estado hace de cuenta que nos paga"— revisitado.

En "Estudio radiográfico de mujer hecha huesos", el cuento ganador del XV Concurso de Literatura Julio Garmendia, el escritor Ysaías Lucas Núñez cuenta la historia de Raiza, una dentista que va perdiendo primero los clientes, después sus herramientas de trabajo y finalmente la cordura, muerta de envidia por el éxito emprendedor de una peluquería de barrio a la que la gente prefiere ir en lugar de cuidar la salud de su dentadura. La frustración que destila la protagonista se insinúa ya en el primer párrafo. "Quienes las vieran pasar con ese uniforme fucsia pensarían que eran doctoras. A sabiendas de esta confusión gratuita, las dos mujeres caminaban altivas aun bien adentradas en el barrio donde tenían su peluquería unisex. Raiza, quien era odontóloga graduada en Barcelona, las observaba con desprecio desde la puerta de su consultorio, al que, por la crisis, ya no iba ni Dios".

La desigualdad ha aumentado. El Índice de Gini, que mide la desigualdad de ingresos, pasó de valores relativamente bajos, alrededor de 0,42 durante la primera etapa del chavismo, a niveles mucho más altos. Según la Encuesta Nacional de Condiciones de Vida (Encovi) elaborada por la Universidad Católica Andrés Bello, la que suelen utilizar los investigadores ante la decisión de las autoridades de discontinuar la publicación de estadísticas oficiales,[3] hoy el coeficiente de Gini es de 0,603.[4] Esto sitúa a Venezuela como uno de los países más desiguales de América Latina, por encima de otros históricamente más inequitativos, como Brasil o Colombia.

Sin embargo, a pesar del declive de estos años, Venezuela no es Centroamérica o el altiplano boliviano, que llevan siglos de atraso, ni tampoco, mucho menos, África, como algunos sostienen. La pobreza venezolana es más reciente y brutal, llegó de golpe, como uno de esos deslaves que se producen a veces en los cerros caraqueños cuando llueve mucho; una nueva pobreza que la sociedad, acostumbrada a niveles de bienestar históricamente altos, enfrenta como puede. ¿Cómo hacen los pobres para sobrevivir?

La mayoría dispone de un empleo con un salario base. A eso se le agrega el apoyo alimentario de los CLAP, que incluye dos kilos arroz, dos kilos de harina pan para hacer arepas, un kilo de lentejas o garbanzos, tres o cuatro latas de atún o sardinas, un kilo de fideos, uno o dos kilos de azúcar y un kilo de leche en polvo. El problema es que el contenido cambia mes a mes, a veces viene sin azúcar, sin leche o sin aceite, y en los años más duros de la crisis había bajado de veinte kilos a menos de diez. Resulta interesante ver cómo el "modelo CLAP" ha penetrado en la gente, a tal punto que es habitual que en los mercados populares se vendan "combos" armados por los "bachaqueros"

---

3. El Instituto Nacional de Estadística difunde datos de manera arbitraria y tiene pendiente realizar el censo desde 2021.

4. https://assets.website-files.com/5d14c6a5c4ad42a4e794d0f7/636d0009b-0c59ebfd2f24acd_Presentacion%20ENCOVI%202022%20completa.pdf. La última serie de la misma encuesta muestra una reducción en el último año, pero sus resultados están siendo revisados.

(vendedores en el mercado negro), con alimentos que consiguen a precios subsidiados, a veces desviados de los mismos CLAP. La alimentación suele completarse con los "combos de verduras", una bolsa de un kilo y medio que se vende también en los mercados populares y que, con el agregado de un caldito, va directo a la olla, si hay suerte, con algo de pollo o, los más afortunados, con cerdo o res. Las verduras y frutas se producen en Venezuela, por lo que el costo no es alto y resulta raro que escaseen. Las frutas tropicales (mango, banana, plátano, guayaba, palta) son muy baratas —y riquísimas—. En los cerros, la gente aprovecha la fertilidad del suelo para plantar lechosa (papaya), aguacate, yuca y plátano, y muchas casas cuentan con un corral para gallinas e incluso con pequeños chiqueros.

La vivienda debe ser el único problema social que Venezuela no sufre. Los planes de construcción del chavismo y la emigración masiva, que liberó cientos de miles de casas, lo resolvieron, al menos en parte. A diferencia de la Argentina, donde el alquiler es un drama de las clases medias, y la precariedad habitacional, la angustia permanente de los pobres, en Venezuela es raro que alguien no disponga de un techo. Incluso hay gente que trabaja de "cuidar casas", va un par de veces por semana a la casa de un emigrado para mantenerla funcionando y evitar que alguien la ocupe. Cuando visité El Agachadito, un sector olvidado bien arriba del cerro en la parroquia de Antímano, acompañado por Maritza, una líder comunitaria que me presentaron los activistas de la organización Alimenta la Solidaridad, pude ver que casi todas las casas están construidas con ladrillos y cemento y que muy pocas son de chapa, cartón o madera. El problema allí no es la construcción, sino el suelo, amenazado permanentemente por los deslaves.

El cuadro de supervivencia se completa con los servicios públicos, que funcionan mal, pero resultan casi gratuitos —la inflación pulverizó tarifas que nunca se ajustaron—. El gas de red, el metro o la electricidad son baratos; el kilovatio para uso residencial cuesta, después del último aumento, 0,046 dólares, un tercio del precio internacional. El Sistema Patria permite acceder a gasolina subsidiada, y el agua, si uno tiene la suerte de tener cañerías, también es muy económica. Los ómnibus, tanto los más grandes como las busetas que cruzan las ciudades con el ayudante del conductor colgado de la puerta gritando la ruta, cuestan menos de un dólar el trayecto.

Lo que quiero plantear es que la pobreza de ingresos se compensa con algunos beneficios que hacen la vida un poco —solo un poco— menos difícil, y que ayudan a explicar por qué la crisis venezolana no es todavía más profunda, lo que a su vez tiene una dimensión política. Sucede que, por más que recurran a empleos ocasionales, se "inventen" ocupaciones y apelen a los mil y un rebusques, al sincerarse en dólares y a valores internacionales muchos precios, los sectores populares no pueden sobrevivir solo con el salario o la jubilación y dependen cada vez más de la asistencia estatal. El problema es que —a diferencia del plan Bolsa Familia brasileño o la Asignación Universal argentina, que comprenden universos objetivos de beneficiarios— la asistencia social venezolana está mediada por las estructuras del Partido Socialista Unido de Venezuela (PSUV), las comunas o las organizaciones, y además no es constante, no llega todos los meses. El cuadro es claro: ausencia de oportunidades laborales en el sector privado, asistencia estatal discrecional y gratuidad de los servicios. Sin que un ogro socialista lo planificara, el resultado es una estatización parcial de la vida cotidiana de las franjas más pobres de la población.

El país que ya no es

Converso con el economista Omar Zambrano.

—Desde mi punto de vista, una de las consecuencias más graves de todo lo que pasó en estos años es el incremento de la desigualdad. Por un lado, la dolarización creó islas de consumo como este lugar —me dice señalando con un gesto el Oro Café, un bar de pretensiones neoyorquinas sobre Avenida 4, en Altamira, ubicado al lado de una panadería especializada en repostería alemana—. Son enclaves para la gente que tiene ingresos altos en dólares, y que derraman poco sobre el resto de la economía. Hay una segunda franja, que yo defino como aquellos que rasguñan la dolarización, gente que tiene empleos con sueldos bajos pero referenciados en dólares, que pueden ser de 150 o 200 dólares, que cuentan con vivienda, quizás un carro viejo. Y finalmente un enorme sector, 30 o 40% de la población, que sobrevive como puede, asistido por el Estado, cuidando cada bolívar. La recuperación económica reciente es muy regresiva.

—Recorriendo los barrios pude ver que a medida que uno sube los cerros se habla cada vez menos en dólares y más en bolívares.

—Bueno, eso es una comprobación de que la dolarización crea nuevas desigualdades.

—¿Cómo es la situación más allá de Caracas?

—Mucho peor. En Venezuela hay ocho ciudades grandes, es un país más desconcentrado que la Argentina. En cada una de esas ciudades existen estas burbujas dolarizadas, más chicas que en Caracas, pero si uno se aleja un poco, empieza a ver la misma realidad de pobreza.

—¿Esto es producto de la dolarización?

—De la crisis en general. Fue una crisis muy larga, duró cinco años, con hiperinflación, destrucción del aparato productivo, devaluaciones. La dolarización permitió reestabilizar la situación, pero al costo de cristalizar las desigualdades.

Parte II

El sinuoso camino de la desdemocratización.
Política y elecciones

5

El día que Venezuela dejó de ser una democracia

¿Qué es una democracia?

Simplificando apenas, podemos considerar la definición de democracia desde dos perspectivas, para lo cual recurrimos a dos palabras bastante feas: "sustantiva" y "procedimental". La primera la define como un tipo de régimen que debe apuntar al bienestar general, procurar el progreso y la felicidad del pueblo. La democracia está obligada a garantizar ciertos resultados, por ejemplo, niveles mínimos de igualdad, una reducción sostenida de la pobreza o servicios públicos para todos; de lo contrario, queda vaciada de sentido y se convierte en mera fachada para encubrir la dominación, en general burguesa.

La segunda definición, procedimental —que algunos llaman "mínima"—, considera la democracia algo más simple, como un método. De acuerdo con esta mirada, lo justo no es el orden que crea —ni el personal político seleccionado—, sino el procedimiento seguido para crear ese orden —o para elegir a esos gobernantes—. Lo explica bien el gran politólogo estadounidense Adam Przeworski en su último libro, remitiendo a las definiciones de filósofos políticos como Norberto Bobbio, Joseph Schumpeter y Karl Popper: "La democracia es un acuerdo político en el cual las personas deciden su gobierno mediante elecciones y cuentan con una razonable posibilidad de destituir a los gobiernos que no sean de su agrado".[1]

A cualquier persona mínimamente sensible la primera definición le sonará mejor, menos fría. El problema es que probablemente nunca nos pongamos de acuerdo acerca de cuáles son los resultados que debe asegurar una democracia, qué niveles de desigualdad son compatibles con un régimen democrático, qué tasa de pobreza, cuánta violencia. Por ejemplo, ¿es democrática la India, formalmente la democracia más poblada del mundo, con su miseria estremecedora, sus castas y sus "intocables"? En el extremo, además, las visiones de cruzan; si para la izquierda las políticas neoliberales erosionan la democracia al excluir a un sector de la población de la posibilidad de una vida digna, para el liberalismo es el populismo el que la afecta, porque tiende a concentrar el poder, anula los equilibrios republicanos y recorta las libertades individuales.

Frente a este debate infinito, la concepción mínima de democracia tiene una ventaja: se puede verificar. Como dijimos, según esta definición la democracia es básicamente un método, cuyo corazón son las elecciones. Si hay elecciones, y si son razonablemente limpias y competitivas, entonces puede decirse que "hay democracia". Por supuesto, para que las elecciones sean "limpias" y "competitivas" es necesario que se cumplan antes algunas condiciones:

---

1. Adam Przeworski, *Las crisis de la democracia. ¿Adónde pueden llevarnos el desgaste institucional y la polarización?*, Buenos Aires, Siglo XXI Editores, 2022.

voto secreto, tribunales electorales imparciales, verificación por parte de los actores involucrados, confianza pública en el veredicto, aceptación de los resultados. Y si se hunde apenas la cuchara en el análisis, es sencillo comprobar que la definición mínima no es tan mínima, en la medida en que, para que esas condiciones existan, tienen que garantizarse, a su vez, ciertas libertades: libertad de asociación (para que puedan formarse partidos políticos), libertad de reunión (para organizarse), libertad de movimientos (para hacer campaña e ir a votar) y libertad de prensa (para expresarse).

En otras palabras, para que los procedimientos funcionen correctamente es necesario que estos derechos se ejerzan en la práctica, no solo formalmente. Y para eso, ¿no se requieren también ciertos estándares sociales básicos, por ejemplo, de igualdad? ¿Son igualmente libres de involucrarse en política y participar dos personas, una de las cuales goza de una existencia cómoda y otra que sobrevive en la pobreza? Y en cuanto al nivel de participación, ¿es democrática una democracia en la que vota una porción menor del electorado y sus gobernantes son elegidos con el aval de un porcentaje pequeño de la población (un problema que últimamente empezó a sufrir también Venezuela)?

La discusión no está saldada. La definición de democracia como procedimiento está lejos de ser perfecta, pero permite que nos acerquemos mejor a la pregunta que organiza este capítulo: ¿Venezuela es una democracia? En las páginas que siguen voy a intentar responderla poniendo el foco en los procesos electorales, su transparencia y legitimidad, lo que implica excluir del análisis los factores que hacen a la democraticidad de un país, pero que se analizan más adelante, como el respeto a los derechos humanos o la represión de la movilización social.

Un día todo comenzó a torcerse

El 6 de diciembre de 1998, Chávez arrasó en las elecciones presidenciales, las últimas del viejo régimen. Los dos partidos tradicionales, Acción Democrática y Copei, hicieron lo imposible por frenar al comandante de paracaidistas que unos años antes había protagonizado un golpe de Estado y ahora estaba arrebatándoles el control del país. Adelantaron las elecciones legislativas —para despegarlas de Chávez— y retiraron a sus candidatos sobre la hora para apoyar a un postulante de otro partido, Henrique Salas Römer. Antes, la sobria formación socialcristiana Copei había respaldado a una ex Miss Venezuela, Irene Saéz, que se presentaba por un movimiento que se llamaba precisamente IRENE (Integración y Renovación Nueva Esperanza). Pero no lo consiguieron, y a partir de ese momento, y durante muchos años, Chávez ganó todo, elecciones regionales y municipales, referéndums constitucionales, un referéndum revocatorio, la elección de constituyentes y tres elecciones presidenciales. Perdió una sola vez, en 2007, cuando intentó reformar la Constitución para imponer el Socialismo del siglo XXI y habilitar la reelección indefinida, y reconoció —muy a regañadientes— su derrota, que por otra parte revirtió al poco tiempo con un nuevo referéndum.

Cabe aclarar que esto no impidió que Chávez utilizara a su favor todos los recursos disponibles: publicidad oficial, aparato del Estado, amedrentamiento a opositores, presiones a la prensa. Este tipo de prácticas, por otra parte habituales —aunque con distinta intensidad— en otros países de América Latina cuya democraticidad no se discute, generan escenarios de "cancha inclinada" a favor del oficialismo. Chávez fue incluso un poco más allá, con algunas detenciones políticas y las primeras inhabilitaciones de dirigentes opositores acusados de corrupción.

Quince años atrás, cuando estaba escribiendo mi libro *La nueva izquierda*, conocí a Teodoro Petkoff. Prócer de la izquierda venezolana,

Petkoff formó parte de la breve experiencia guerrillera venezolana de los años sesenta, fue capturado dos veces y las dos veces se escapó; la primera, logró que lo internaran en el Hospital Militar después de tomarse medio litro de sangre de vaca y huyó descolgándose por una ventana del séptimo piso; la segunda, escapó del Cuartel San Carlos a través de un túnel. A fines de los sesenta, después de décadas de militancia, Petkoff rompió con el Partido Comunista; su libro *Checoslovaquia. El socialismo como problema* le costó ser considerado "enemigo del pueblo" por el politburó soviético, al lado de Trotsky y otros traidores. Fundó el partido socialdemócra MAS con los fondos del Premio Rómulo Gallegos, que le donó su amigo Gabriel García Márquez, trabajó de periodista, fue varias veces diputado y ministro. "Chávez tiene un pie en el pedal de la democracia y otro en el acelerador del autoritarismo, el autocratismo y el militarismo, y pisa cada uno según el momento", me había dicho en 2005, en un almuerzo en Caracas. Nos reencontramos dos años después, en octubre de 2007, poco antes del plebiscito por la reelección indefinida y el Socialismo del siglo XXI, en un seminario en Caxambú, una pequeña ciudad termal cercana a San Pablo en la que se realiza el encuentro anual de los cientistas sociales brasileños. "Yo siempre fui cuidadoso con las definiciones", me dijo una noche de calor y llovizna, mientras tomábamos caipirinhas al lado de la pileta del hotel. "Nunca dije que Chávez fuera un dictador o un tirano, como hicieron muchos, porque eso abre la puerta para cualquier cosa, a un dictador hay que derrocarlo por todos los medios. Pero si gana el referéndum y se aprueba su proyecto de reelección indefinida, entonces va a tener poderes verdaderamente imperiales".

Sin embargo, Chávez —que había ganado todas las elecciones desde su primer triunfo en 1998— perdió el referéndum por la enmienda constitucional de 2007. De madrugada, visiblemente enojado, reconoció su derrota, a la que calificó como "un resultado de enmienda". Pero en 2009 convocó a un nuevo plebiscito, consiguió la reelección y continuó moviéndose con ese doble juego que describía Petkoff. Y es que Venezuela, a pesar de todo, seguía cumpliendo los requisitos mínimos para ser considerada una democracia, según coincidían por entonces los especialistas en procesos electorales[2] y los organismos internacionales.[3] Chávez era autoritario —o un poco autoritario—, pero también popular, convocaba a elecciones y las ganaba. Si se sentía acorralado, un plebiscito. Si lo perdía, otro. La oposición, en cambio, organizaba golpes de Estado, denunciaba fraudes sin presentar pruebas e incluso se negaba a presentarse a elecciones, como hizo en las legislativas de 2005 con el insólito argumento de que de ese modo privaría de legitimidad al chavismo. En esta primera etapa, la legitimidad democrática estaba todavía del lado del gobierno.

La muerte de Chávez, el 5 de marzo de 2013, cambiaría las cosas. No porque la cúpula bolivariana cayera repentinamente en un súbito autoritarismo; como señalamos, ya Chávez se había dejado vencer por la tentación antidemocrática en más de una oportunidad. Pero, miradas las cosas con la perspectiva que da el tiempo, parece evidente que algo muy profundo cambió en ese momento, cuando Chávez falleció después de pasar tres meses internado en

---

2. Los politólogos Daniel Levine y José Enrique Molina, insospechados de inclinaciones bolivarianas, publicaron un sólido artículo académico en el que llegaban a la conclusión de que Venezuela era una democracia, aunque de baja calidad. https://revistas.usal.es/index.php/1130-2887/article/view/9349/9654.

3. Ya en 2004, en el punto de inflexión de su primera presidencia, Chávez había convocado a la OEA, el Centro Carter y la ONU para verificar los resultados del referéndum revocatorio, que ganó por más de 20 puntos y que permitió destrabar el empate político generado tras el golpe de Estado y el paro petrolero de 2002-2003. Los organismos internacionales coincidieron en que los resultados habían sido limpios.

La Habana. Lo que se sucedió fue, como quien dice, la vida; la crisis económica que se venía incubando se combinó con la ausencia del carisma electoral de Maduro para poner al bloque bolivariano, por primera vez en quince años, en una posición de clara desventaja, y su reacción fue profundizar su lado oscuro.

Un mes y medio después del entierro del comandante, el 14 de abril de 2013, se realizaron nuevas elecciones presidenciales. Maduro había sido elegido candidato por el mismo Chávez en un último gesto agónico, no exento de aspiraciones poéticas: "Mi opinión firme, plena como la luna llena", había dicho antes de designarlo como sucesor. No parecía la peor opción; aunque integraba la cúpula del gobierno, Maduro venía desempeñándose como canciller y se había mantenido alejado de las internas y los vicios de palacio. Aparecía como un hombre calmo —sigue siéndolo— dotado de muñeca política —lo que se comprobaría con los años— y como la encarnación del ala moderada del régimen. (Por supuesto que esto último no se verificaría en el futuro, lo que abre un interrogante acerca de hasta qué punto la deriva autoritaria posterior a la muerte de Chávez no fue un proceso inevitable, que trascendería la personalidad de Maduro).

Chávez había derrotado por más 10 puntos a Henrique Capriles. Apenas tres meses después, Maduro se impuso por una diferencia mínima, de menos de dos puntos. Y Capriles, que antes había aceptado su caída, esta vez denunció fraude, aunque el sistema con el que se realizaron los comicios era el mismo y había sido calificado como confiable por todos los expertos.[4]

---

4. Funciona de esta manera: después de una identificación a través de la comprobación de las huellas dactilares, el censado vota en una pantalla táctil, que le devuelve un "recibo del voto". Una vez comprobado el recibo, lo deposita sellado en una urna. A la hora de cierre, los fiscales comparan los votos en papel con los votos electrónicos para ver si hay alguna discrepancia. Este chequeo no

El problema era doble. Por un lado, la oposición denunció fraude, pero no pudo mostrar pruebas. El recuento posterior no permitió comprobar diferencias. De hecho, con el tiempo la misma oposición parece haber aceptado la legitimidad de la primera elección de Maduro, si tenemos en cuenta que la autoproclamación de Juan Guaidó como "presidente encargado" en 2019 se produjo una vez finalizado este período presidencial, que por lo tanto se dio por bueno. Pero el gobierno también contribuyó a afectar la legitimidad de las elecciones, con su decisión de modificar la legislación para transformar el rol de los organismos internacionales de verificación, como el Centro Carter, la OEA o la ONU, que en el pasado habían cumplido un papel constructivo en comicios muy controvertidos, como el referéndum revocatorio de 2004. Quizá previendo un escenario de futuras derrotas, el chavismo modificó el estatus de los organismos internacionales, que pasaron de "observadores" a "acompañantes" y que, por lo tanto, ya no podían opinar sobre la validez de los comicios.[5] Ante el desprestigio del

---

se realiza en todas las máquinas, sino más o menos en la mitad y con control de fiscales de todos los partidos. Fue lo que se hizo en 2013, cuando Capriles denunció fraude. Las discrepancias entre los votos registrados electrónicamente y los votos físicos contados fueron... cero. Pese a ello, Capriles insistió y el CNE aceptó auditar los votos no cotejados restantes (el 47%), aunque era matemáticamente imposible que se hubiera registrado una diferencia tan significativa como para alterar el resultado —sobre todo cuando los votos auditados no mostraban errores—. Capriles no aceptó el mecanismo y presentó una denuncia ante el Tribunal Supremo de Justicia, que la desestimó. Los especialistas sostienen que los votos estuvieron bien contados. https://www.huffingtonpost.es/miguel-anxo-murado/fraude-electoral-en-venez_b_3325142.html

5. A diferencia del observador, el acompañante no puede emitir ninguna declaración pública sobre las elecciones hasta tanto no se expida el CNE. Si tiene algún comentario o alguna duda, se lo debe hacer llegar confidencialmente el CNE, pero no puede afirmar en público si el proceso electoral fue íntegro ni

El día que Venezuela dejó de ser una democracia

Consejo Nacional Electoral controlado por el chavismo, esta vez no había un árbitro confiable que pudiera ratificar la transparencia de la elección.

La consecuencia fue un conflicto político de años, durante el cual gobierno y oposición se cruzaron —literalmente— a tiros. Luego de las elecciones de 2013, los sectores opositores más radicales, liderados por Leopoldo López y María Corina Machado, lanzaron una estrategia a la que llamaron "La Salida", una serie de marchas y movilizaciones que buscaban transformar el clima de descontento en una presión que profundizara las fisuras en el interior del oficialismo y quebrara la unidad militar, forzando a Maduro a renunciar y convocar a elecciones, al estilo de las "revoluciones de colores" pro occidentales que estallaron en los años noventa en las ex repúblicas soviéticas. Las guarimbas (barricadas) se multiplicaban por los barrios. La respuesta del gobierno fue una represión feroz, que dejó un saldo de 43 muertos. El chavismo detuvo a López, que fue condenado a trece años de prisión y trasladado a una cárcel militar.[6]

Pero mientras tanto la política seguía su curso. A pesar de los enfrentamientos y la represión, las detenciones ilegales y el contexto casi bélico que atravesaba el país, el 6 de diciembre de 2015

---

opinar sobre la validez de sus resultados. Tanto el Centro Carter como la OEA —adonde todavía no había llegado Luis Almagro y que había desempeñado un rol imparcial y constructivo hasta el momento— se retiraron, y en su lugar llegaron como "acompañantes" la Unasur y el Mercosur, sin experiencia técnica previa en el monitoreo de elecciones y limitados en sus funciones. https://cepaz.org/?noticias=proceso-observacion-acompanamiento-electoral-internacional-venezuela-2006-2012 y https://revistas.usal.es/index.php/1130-2887/article/viewFile/alh201775127148/17251

6. El mismo que se pronunció en el caso de Milagro Sala calificó de "arbitraria" su detención y exigió su inmediata liberación.

se realizaron las elecciones parlamentarias. La oposición —que, recordemos, había denunciado fraude dos años antes— aceptó presentarse, desplegó una campaña entusiasta para explotar el malestar social y... ganó. Se impuso por más de 16 puntos en el total general, perforando el bloque chavista por primera vez desde 1998, con triunfos impresionantes en las grandes ciudades y también en las zonas rurales. Obtuvo así una mayoría de dos tercios en la Asamblea Nacional, suficiente para remover a los miembros del Tribunal Supremo, vetar la designación de funcionarios y frenar iniciativas económicas clave, como el ingreso del capital extranjero a la minería o la reestructuración de la deuda externa, que el gobierno exploraba desesperadamente para salir de la crisis. Apenas asumieron los nuevos legisladores, el recién designado presidente de la Asamblea Nacional, un veterano político socialdemócrata, anunció que, en "un plazo de seis meses", el chavismo estaría fuera del poder.

El gobierno había reconocido públicamente el triunfo opositor. Pero ya al día siguiente, y con el entusiasmo propio de quienes saben que se juegan todo, se dio a la tarea de anularlo, a través de una serie de iniciativas que transformarían para siempre las instituciones venezolanas. Las describo a continuación con cierto detalle porque constituyen la fundamentación —firme, plena como la luna llena— del giro autoritario. ¿Cuándo Venezuela dejó de ser una democracia?, nos preguntábamos al inicio de este capítulo. Si una mirada de largo plazo nos reenvía a las decisiones autoritarias que Chávez no se privó de ejecutar ni siquiera en el cénit de su popularidad o al comportamiento antidemocrático de una oposición que le negó desde un comienzo la legitimidad que merecía, una respuesta más inmediata —más sincera y menos elusiva— debería decir: cuando el gobierno de Maduro suprimió de facto el resultado de las elecciones legislativas de 2015.

El día que Venezuela dejó de ser una democracia

El giro autoritario

La victoria de la oposición descolocó al gobierno, que reaccionó con rapidez. Pocos días después de proclamados los resultados de las elecciones legislativas, activó su maquinaria partidaria y judicial para denunciar… ¡fraude! Las condiciones bajo las que se habían realizado los comicios eran las de siempre, el mismo sistema, las mismas máquinas, el mismo Consejo Nacional Electoral. Sin embargo, la Justicia aceptó una de las tantas denuncias de irregularidades presentadas por el PSUV y ordenó suspender la jura de los diputados del estado de Amazonas —tres opositores y un oficialista—, con el argumento de que la oposición local había entregado beneficios económicos a cambio del voto (algo que, por supuesto, el chavismo venía haciendo a escala nacional desde siempre).

La decisión judicial apenas podía esconder la maniobra; privada de estos tres diputados, la oposición perdía la mayoría calificada en la Asamblea. Para blindar judicialmente la operación, el oficialismo aprovechó la breve ventana temporal de un par de semanas que se abría entre la elección y la asunción de los nuevos legisladores y se apuró a designar a 13 nuevos integrantes del Tribunal Supremo de Justicia (TSJ). Desde aquel momento, todas las leyes aprobadas por la Asamblea —absolutamente todas— serían sistemáticamente anuladas por el TSJ, que luego, ante la decisión de los diputados opositores de igual tomarles juramento a los tres representantes del estado de Amazonas, declaró en "desacato" al Poder Legislativo y ordenó que los legisladores dejaran de cobrar sus dietas. El 2 de abril de 2017 anunció incluso que absorbería las funciones legislativas, una suerte de autogolpe judicial que, ante el rechazo general, fue revertido por orden del propio Maduro.[7]

---

7. https://elpais.com/internacional/2017/04/01/america/1491013753_174595.html

El segundo hito que marcó el giro autoritario fue la decisión del gobierno de bloquear una salida electoral al *impasse* Ejecutivo-Legislativo a través de un referéndum revocatorio. A diferencia de Chávez, Maduro hizo todo lo posible por evitar someterse a la aprobación popular. Cuando la oposición anunció su intención de convocar al plebiscito, el CNE demoró la entrega de las planillas en las que debían figurar las firmas necesarias para avalar el llamado y después ordenó su convalidación personal, firma por firma, y dispuso para ello pocos centros captahuellas, que además atendían en horarios restringidos. En el municipio de Chacao, bastión de la oposición caraqueña, por ejemplo, no había ninguno. Más tarde, el CNE cambió la reglamentación para dificultar la segunda etapa de recolección de firmas y finalmente, en octubre de 2016, ordenó frenar todo el proceso. Para reforzar el bloqueo electoral, decidió postergar las elecciones regionales que debían realizarse en 2016 —el mandato de los gobernadores vencía ese año—, sin fijar nueva fecha y sin más argumentos que una apelación general a la "guerra económica".

Con la válvula electoral cerrada, la oposición organizó una serie de manifestaciones que adquirieron un carácter muy violento, a las que el gobierno respondió con una represión brutal, tanto de la policía y la Guardia Nacional Bolivariana como de los grupos paraestatales conocidos como "colectivos".[8] Las marchas se sucedieron una tras otra, durante días, en diferentes puntos de Caracas y otras ciudades, y alcanzaron una masividad y una potencia que por momentos parecieron poner en cuestión la continuidad del chavismo. La muerte de varios jóvenes en manos de las fuerzas de seguridad, algunos de ellos menores de edad, reescribieron en

---

8. Ciento veintisiete muertos, en su mayoría manifestantes opositores, de los cuales más de la mitad eran jóvenes (once menores de edad). https://nuso.org/articulo/dolor-pais-version-venezuela/

clave venezolana la vieja frase de Gilles Deleuze: toda revolución fracasada acaba disparándoles a los estudiantes.[9] La fiscal general rompió con el gobierno, igual que muchos artistas y agrupaciones políticas que hasta el momento lo habían acompañado. El malestar se extendía. Los jugadores de fútbol pidieron a la Federación Venezolana autorización para hacer un minuto de silencio antes de cada partido, en recuerdo de las víctimas de la represión, pero ni el organismo que reúne a los clubes ni la entidad que agrupa a los árbitros lo autorizaron. La escena está en YouTube: el 30 de abril del 2017, en la cancha de Deportivo Lara en Barquisimeto, el capitán del equipo, apenas el árbitro da inicio al partido, toca suave la pelota, que rueda sin que ningún jugador de Deportivo Anzoátegui la recoja, todos permanecen parados hasta que pasa el minuto que les habían prohibido, aplauden y empiezan a jugar.

Pero el bloque bolivariano se mantuvo en pie e incluso en esta etapa, la más difícil que tuvo que atravesar, se mostró unido. La explicación es relativamente simple: puro instinto de supervivencia. Para la dirigencia chavista, una eventual salida del poder no implicaba una vuelta a la sociedad civil o un destino clásico de oposición parlamentaria, sino una avalancha de acusaciones judiciales, detenciones aseguradas o la posibilidad del exilio, una alternativa difícil de aceptar considerando que los lugares de acogida son decididamente poco tentadores; aunque Cuba no está mal, es un país pequeño y aislado, y otros sitios posibles, como Rusia o Bielorrusia, resultan fríos e inhóspitos. Quizá por eso, el chavismo siempre estuvo muy atento a la posibilidad de una traición. De hecho, Chávez solía interpretar —un poco forzadamente— la historia de Venezuela como una sucesión de procesos de cambio

---

9. Gilles Deleuze en conversación con Claire Parnet en el programa *L'Abécédaire de Gilles Deleuze*, 1996.

traicionados: el asesinato de Sucre, la traición de Páez a Bolívar, la de Juan Vicente Gómez a Cipriano Castro, y así. El chavismo puede perdonar la ineficiencia, la corrupción, pero no la traición. Por eso quienes se van no vuelven nunca.

Sin embargo, la maniobra definitiva del giro autoritario fue la convocatoria a una Asamblea Constituyente. Sorpresivamente anunciada por Maduro el 1º de mayo de 2017, la Constituyente se realizó bajo un sistema electoral psicodélico. Una parte de los constituyentes se eligieron de manera directa, pero en lugar del habitual voto proporcional se estableció que cada municipio tendría un representante; las capitales de los estados, dos, y Caracas, siete. El diseño favorecía al oficialismo, más fuerte en las zonas menos pobladas; por ejemplo, el municipio de Maroa, en el estado de Amazonas, eligió, con 2029 habitantes en el último censo, la misma cantidad de constituyentes que Ciudad Guayana, en Bolívar, con 820.000. Adicionalmente, un tercio fue elegido por diferentes "sectores sociales", trabajadores, campesinos y pescadores, estudiantes, personas con discapacidad. El resultado fue que algunas personas votaron dos veces, y otras —las que no pertenecían a estas categorías en las que las redes del oficialismo tienen más peso—, una sola. En suma, un esquema que le otorgaba al chavismo una ventaja indescontable, ganaba aun perdiendo.

Además, y decisivamente, la Asamblea Constituyente no se legitimó con un referéndum previo —para que la población aceptase o no la convocatoria— y otro de salida —para validar la nueva Constitución—, como había hecho Chávez en 1999 y como suele ocurrir con las reformas constitucionales; por ejemplo, con la frustrada reforma chilena. Pero nada de eso importaba; el objetivo no era escribir un nuevo texto constitucional, sino crear una apariencia de legalidad que permitiera completar el trabajo de vaciamiento de la Asamblea Nacional controlada por la oposición. Fue así que la Asamblea Constituyente, instalada en el mismo edificio en el que funcionaba la Asamblea opositora, se declaró "originaria" y por ese simple método se autoinstituyó como un órgano plenipotenciario que absorbió en los hechos las funciones legislativas. Sancionó normas, como la controvertida "Ley contra el odio", que contemplaba penas severas contra los delitos de opinión, ilegalizó a varios partidos opositores, desplazó a la fiscal general rebelde (y, por supuesto, no escribió ninguna constitución).

Sin embargo, le permitió al chavismo recuperar la iniciativa y reestabilizar la situación política. La calle se enfrió. El chavismo permaneció unido detrás de Maduro, y las pocas fisuras que se produjeron no generaron el temido efecto dominó, mientras que la oposición se partía en mil pedazos; ninguna de sus dos estrategias, ni la apuesta al diálogo de los sectores más moderados ni las movilizaciones de los más radicalizados, había dado resultado. La emigración masiva, que comenzó en la clase media y luego se fue extendiendo, diezmó su electorado natural. Y el sector de la sociedad, seguramente mayoritario, que quería un cambio entró en un estado de inocultable desilusión.

Entonces se invirtieron los roles. En el eterno espejo venezolano, el chavismo —que, recordemos, había anulado de facto el resultado de las legislativas de 2015, bloqueado el referéndum revocatorio, organizado una constituyente amañada y pospuesto los comicios regionales— decidió llamar a elecciones, mientras que la oposición, que antes las reclamaba, ahora pedía que se postergaran. Así, el 15 de octubre de 2017 se realizaron las elecciones regionales que habían sido suspendidas. Aunque divididos y con dudas, los partidos opositores más importantes aceptaron participar, y perdieron. El chavismo, cuya maquinaria resulta decisiva en este tipo de comicios, se impuso en 18 de los 23 estados.[10] La oposición

---

10. Salvo en el estado de Bolívar, donde los resultados se alteraron, en el resto del país la victoria bolivariana fue clara.

gritó "fraude", pero no pudo exhibir las famosas papeletas que lo demostraran. Cuando, pocas semanas después, el gobierno convocó a las elecciones municipales, que también estaban suspendidas, un sector mayoritario de la oposición decidió no presentarse. Revitalizado por la sucesión de victorias, Maduro anunció que las presidenciales de 2018 se realizarían... siete meses antes de la fecha habitual (en mayo en lugar de diciembre).

Las elecciones presidenciales de 2018 estuvieron lejos de ser justas. En primer lugar, por la manipulación de la fecha; el gobierno convocaba a elecciones solo cuando estaba seguro de que las ganaría —y si de casualidad las perdía, como en 2015, las anulaba—. En segundo lugar, porque los principales dirigentes opositores (Henrique Capriles, Leopoldo López, María Corina Machado) no pudieron presentarse, dado que estaban detenidos, exiliados o inhabilitados —al igual que en su momento Lula, Rafael Correa o Evo Morales, es decir, proscriptos bajo una versión bolivariana del *lawfare*—. En tercer lugar, porque los grandes partidos opositores habían sido ilegalizados por el CNE, que les quitó el control de la estructura y el nombre y se los cedió a facciones internas "disidentes", supuestamente pertenecientes a ese mismo partido, pero cercanas al gobierno, cuyos integrantes son conocidos como "alacranes" —la denominación "Mesa de Unidad Democrática", que venía identificando la oposición unificada, no pudo ser utilizada—. Y, por último, porque no hubo observadores internacionales imparciales: la ONU se negó, y el gobierno convocó en su lugar a acompañantes de Angola, Etiopía, Malí, Mozambique, Palestina y Rusia.

En estas condiciones, el 20 de mayo de 2018, Maduro obtuvo el 67% de los votos, una victoria más contundente que la mejor de Chávez, que había obtenido "apenas" el 62% en 2006 —de hecho, luego de años de altísima inflación y en medio de una recesión sin precedentes, Maduro consiguió la mayor victoria de todos los presidentes de izquierda de América Latina, más que Evo, Lula o

Correa—. Ante la proscripción de los candidatos más populares, derrotó al único dirigente opositor más o menos conocido que decidió presentarse, Henri Falcón, un ex chavista que venía de perder las elecciones de gobernador en su propio estado y al que su pasado oficialista tornaba imposible de digerir para la mayoría de los opositores, que lo apodaron "Henri Falsón". ¿Hubo fraude? No, en el sentido de una alteración de los resultados. No era tampoco necesario. Como señalamos al comienzo de este capítulo, para que las elecciones pasen de un mero simulacro deben garantizarse ciertas condiciones mínimas; no alcanza con que se realicen comicios y que el oficialismo se abstenga de robarse los votos. Y esas condiciones no estaban vigentes.

Maduro y Chávez

Iniciado en este contexto oscuro, el segundo mandato de Maduro estuvo marcado por el desafío político de Juan Guaidó, primero, y por la necesidad de recuperar legitimidad, después, hasta llegar a las elecciones presidenciales del 28 de julio de 2024. En las próximas páginas, y en el epílogo, me detengo en este último período. Ahora cerremos este capítulo con una pregunta contrafactual, tan imposible de responder como popular entre los venezolanos, que en cualquier conversación especulan con la idea de qué habría pasado si Chávez hubiera seguido vivo. Se la formulo a Edgardo Lander, sociólogo de gran prestigio y larga trayectoria en la izquierda venezolana, que acompañó críticamente al chavismo; incluso formó parte de la comisión negociadora venezolana que se opuso al ALCA y fue uno de los fundadores del Foro Social Mundial.

—¿Hubiera sido diferente con Chávez?

—Por supuesto que no lo vamos a saber nunca. Algunos rasgos negativos del proceso, como el militarismo y el verticalismo, se vieron desde el principio, pero los primeros años de Chávez fueron también de una gran intensidad social, que mostraban la capacidad de Chávez de encender la participación de un pueblo que estaba totalmente alejado de la política.

—Eso, de lo que tanto se habla, ¿era real o es un recuerdo idealizado?

—Era real. Un ejemplo entre muchos otros posibles es el de las "mesas técnicas de agua", en las que yo participé. Como tú sabes, el agua es un gran tema en Caracas. Cuando llegamos, Hidrocapital tenía un plano en el que estaban solo los acueductos formales, pero no tenían ni idea de por dónde pasaban los acueductos y las cañerías informales, así que de repente a un lugar que supuestamente tenía que llegar el agua no llegaba porque el caño había sido perforado en el camino por un montón de gente que no tenía agua; veía un caño y con toda lógica se conectaba. Así se crearon las "mesas técnicas de agua" para tratar de ir solucionando estos problemas. La cuestión del agua no es solo un tema ingenieril, sino sobre todo social; para extender una tubería es necesario hacer lugar entre las casas, negociar entre vecinos a quién le toca el agua cada día, instalar y mantener bombas. Para que haya avances hay que involucrar a las comunidades. Chávez dio un impulso muy fuerte a la organización social. Eran cosas que sucedían, eran reales, daban resultados. Al mismo tiempo, los rasgos negativos se veían desde el comienzo.

—¿Cuándo comenzó a torcerse?

—El proceso es muy sinuoso. Un primer hito fue el Socialismo del siglo XXI. La gente votó en contra, y Chávez avanzó igual, pero en lugar de seguir desarrollando la energía comunitaria, fue un proceso que buscó concentrar todo el poder en el Estado y centralizar la fuerza popular. La creación del PSUV, y la obligación de que todos los partidos se disolvieran en él, fue otro paso. Y luego, ya con Maduro, todo eso se consolidó.

—¿La calidad del liderazgo de Chávez en comparación con Maduro es un dato relevante?

—Sí. Maduro no tenía la legitimidad de Chávez ni su ascendente sobre los militares, de modo que resolvió este problema avanzando en un camino cada vez más autoritario, con la anulación de las elecciones de 2015 y la Asamblea Constituyente, cediéndoles a los militares más y más poder. Puede sonar paradójico, pero es lógico. Al no ser militar, tuvo que abrirles más espacios para mantenerlos adentro, hasta llegar a donde estamos hoy, un régimen en el que los militares no son una fuerza armada para la defensa, sino parte del poder, como en Cuba.

—El modelo cubano.

—Claro. La importancia de Cuba en Venezuela no pasa solo por los médicos, la seguridad o la inteligencia, sino por haber ayudado a copiar elementos de su modelo, a usarlo como referencia.

6

Venezuela como autoritarismo caótico

El centro antiguo de Caracas, desvencijado y pobre como los centros de muchas capitales latinoamericanas, se desparrama por varias manzanas hasta que uno se topa con el área presidencial, el enorme perímetro de seguridad que rodea el Palacio de Miraflores, el Palacio Blanco y el Regimiento de la Guardia de Honor. Conos naranjas en las esquinas, bolsas de arena cortando calles para evitar eventuales arremetidas motorizadas y carteles con la leyenda "zona de seguridad" advierten a los peatones que el paso está prohibido. Si uno va hacia la Avenida Baralt y La Pastora, debe desviarse por Carmelitas, y si viene por Urdaneta y quiere seguir por la Avenida Sucre en línea recta, tampoco puede pasar, hay que tomar un desvío por —justamente— El Silencio. Para garantizar la seguridad circulan por la zona jeeps de "patrullaje estratégico" de la Guardia Nacional Bolivariana, hay destacamentos de la Guardia de Honor apostados en varios puntos y se ven también las camionetas del Sebin, el temible Servicio Bolivariano de Inteligencia Nacional.

Venezuela

Ni siquiera de lejos es posible observar la sede del gobierno, y de hecho se comenta que Maduro no duerme más en La Casona, la residencia presidencial, y que tanto él como la primera plana de la administración residen en una urbanización especial construida en la gigantesca base militar de Fuerte Tiuna, al sudoeste de Caracas. La transformación de Miraflores —un palacete de estilo europeo con patio central, arcadas y galerías— en un búnker es, por lo demás, bastante lógica. Al fin y al cabo, a lo largo de sus veinticinco años en el poder, el chavismo enfrentó un golpe de Estado, dos o tres ciclos de grandes manifestaciones populares, un intento de asesinar a Maduro con drones, el caso de un policía que se robó un helicóptero y arrojó una granada en la terraza del Tribunal Supremo de Justicia, el intento de sublevación militar liderado por Guaidó, el pintoresco desembarco de la Operación Gedeón y las insinuaciones de Donald Trump acerca de una invasión con marines.

No es entonces simple paranoia, sino la respuesta absolutamente racional de un gobierno que se siente asediado lo que explica este reflejo defensivo. Por supuesto, esto es consecuencia del giro autoritario que describimos en el capítulo anterior, que convirtió a Venezuela en un sistema muy particular, un autoritarismo híbrido, desordenado y a la vez sofisticado. No es una dictadura clásica —más adelante desarrollo este punto— ni tampoco un régimen socialista de partido único, como el de Cuba o el de China. Formalmente, Venezuela sigue siendo una república democrática multipartidista, donde persisten espacios de libertad de prensa y asociación y donde hay tres gobernadores y decenas de alcaldes opositores, que ejercen sus funciones con dificultades, pero con normalidad. Y, sin embargo, Venezuela no es —como ya explicamos— una democracia plena; esa línea ya la cruzó. Entonces, ¿de qué tipo de régimen hablamos?

Venezuela como autoritarismo caótico

Una primera referencia posible es el sistema creado por el Partido Revolucionario Institucional (PRI) en México durante su reinado de siete décadas, la "dictadura perfecta", según la célebre definición de Mario Vargas Llosa. Como Venezuela, el México priísta configuró un régimen autoritario con espacios de libertad que se abrían y se cerraban según las circunstancias, un "autoritarismo electoral" en el que el oficialismo no necesitaba recurrir al fraude masivo ni a la prohibición total de la oposición. Pero las diferencias también son importantes. En buena medida porque fue un producto del siglo XX —mientras que el chavismo lo es del siglo XXI—, el sistema priísta disponía de una serie de reglas que permitían casi diríamos institucionalizar su autoritarismo, la más famosa de las cuales era la prohibición absoluta de la reelección y el "dedazo" mediante el cual el presidente saliente designaba a su sucesor.

Otro punto de comparación posible, que en este caso incorpora la dimensión económica al análisis, son los regímenes políticos de los países rentistas. Como señalamos al comienzo de este libro, hay una relación, que no es lineal pero existe, entre la estructura económico-productiva, la sociedad que se forma en torno de ella y el sistema político que la gobierna. Al depender de un solo recurso natural, el Estado rentista no precisa de una base fiscal amplia —que en última instancia exige algún nivel de consenso social, de modo que la gente acepte pagar los impuestos— y suele ganar autonomía respecto de la sociedad. Por eso, una vez que un líder, un clan o un grupo político se apoderan del Estado es muy difícil que lo dejen, porque sus recursos son tantos —y fluyen con tal rapidez— que disponen de la fuerza suficiente para crear estructuras clientelares, controlar la burocracia y pagar la lealtad de las fuerzas armadas. Si el contraejemplo de Noruega no es pertinente, porque este país ya era democrático y desarrollado cuando comenzó su explotación petrolera, las dictaduras de

Oriente Medio —y en cierto modo también Rusia— son una buena referencia.¹

La última comparación es la de las democracias iliberales: gobiernos elegidos democráticamente que, una vez en el poder, ignoran los límites constitucionales y no respetan las libertades individuales de sus ciudadanos.² Mediante una serie de maniobras al filo de la legalidad —o directamente ilegales—, atenúan —o anulan— el componente republicano de la división de poderes, es decir, el balance entre las instituciones del Estado y los límites a la concentración de poder. Y también atentan, en muchas ocasiones, contra la dimensión liberal de la democracia, vulnerando por diferentes vías las garantías propias del Estado de derecho. Construidos por líderes que son a la vez muy populares y muy autoritarios, como Recep Tayyip Erdoğan en Turquía, Viktor Orbán en Hungría y Jarosław Kaczyński en Polonia, este tipo de regímenes preservan cierta lógica electoral, aunque desbalanceada a favor del oficialismo.

En *Cómo mueren las democracias*,³ un libro académico que se convirtió en un inesperado *bestseller* mundial, los politólogos Steven Levitsky y Daniel Ziblatt, de Harvard, completan el planteo. Horrorizados con Trump, explican que en el siglo XXI las democracias no mueren de un único disparo letal, sino que se van desangrando lentamente. Lejos del modelo de toma del poder por parte de los militares o los revolucionarios propio del siglo pasado,

---

1. Jesús Mora Contreras, Andrés Rojas, María Fargier, Vicente Ramírez Núñez, Genry Vargas, Giorgio Tonella, Carlos Domingo Núñez, "Venezuela: Estado rentista, reparto y desigualdad 1999-2014", en Carlos Peña (comp.), *Venezuela y su tradición rentista*, Buenos Aires, Clacso, 2017.

2. https://www.foreignaffairs.com/articles/1997-11-01/rise-illiberal-democracy

3. Steven Levitsky, Daniel Ziblatt, *Cómo mueren las democracias*, Barcelona, Ariel, 2018.

que permitía establecer un corte nítido, fechar el momento en que el Chile de Salvador Allende o la Argentina de Isabel Perón dejaron de ser una democracia, hoy no existe un único momento en el que un régimen cruza esa delgada línea roja; la democracia comienza a morir, a menudo sin que nadie se dé cuenta, cuando un líder de vocación autoritaria emprende la tarea de socavar desde adentro los mecanismos que garantizan la democraticidad de la democracia. Aunque interesante como descripción, este enfoque suele pasar por alto el malestar profundo anterior al inicio de la reversión democrática, que es el que justamente propició el ascenso de los líderes que espantan a los autores. El problema de este tipo de análisis es que funcionan como una pintura de lo que sucede, pero no terminan de dar en la tecla de las causas profundas. No sirven para entender los motivos que explican por qué los húngaros votan a Orbán, o los estadounidenses a Trump (o los venezolanos a Chávez).

En este sentido, resulta interesante el planteo de Yascha Mounk. En *El pueblo contra la democracia*,[4] el politólogo de la Universidad Johns Hopkins define el problema como doble. Por un lado, las democracias iliberales, donde la soberanía popular habilita al líder a reinar como mejor le plazca, arrasando con instituciones y derechos. Por otro, el "liberalismo antidemocrático", democracias donde se respetan los derechos individuales y las libertades, pero que se ven afectadas por tendencias tecnocráticas o incluso oligárquicas que hacen que la capacidad de incidencia de la sociedad en los asuntos públicos, es decir, el principio de soberanía popular, se vea limitada, porque el poder real reside en otro lado —"los mercados", el FMI, el Banco Central, Wall Street, Bruselas, la gerencia de PDVSA antes de Chávez—. Si las primeras son "democracias sin derechos", las

---

4. Yascha Mounk, *El pueblo contra la democracia*, Barcelona, Paidós, 2018.

segundas constituyen un régimen de "derechos sin democracia". Para Mounk, el iliberalismo es una respuesta al liberalismo antidemocrático: cuando la sociedad siente que ya no puede decidir su destino, que sus posibilidades de incidir en su futuro se ven cercenadas no importa a quién vote, entonces elige líderes que prometen cambios de fondo, aun al costo de romper las cosas.

Con otras palabras, Adam Przeworski, decano de la ciencia política estadounidense, dice algo parecido. En su último libro, *Las crisis de la democracia*,[5] explica que las democracias funcionan bien cuando lo que está en juego es algo "ni demasiado pequeño ni demasiado grande". Es "demasiado pequeño" cuando los resultados de las elecciones no tienen ninguna consecuencia para los ciudadanos —o cuando estos sienten que es así, lo cual en términos concretos vendría a ser lo mismo—, es decir, cuando, voten lo que voten, la situación seguirá siendo más o menos la misma —el liberalismo antidemocrático de Mounk—. Y es "demasiado grande" cuando el resultado se vuelve intolerable para los perdedores, que en cada elección no se juegan un puñado de escaños en el Parlamento o el pase del gobierno a la oposición, sino la libertad, el exilio o incluso la vida. En estos casos, quienes están en el poder estarán dispuestos a hacer cualquier cosa por retenerlo.

El modelo de Mounk/Przeworski se ajusta bastante bien a la evolución de Venezuela. El Pacto de Punto Fijo firmado en 1958, tras la caída de la dictadura de Marcos Pérez Jiménez, funcionó como una especie de Moncloa antes de la Moncloa, habilitando cuatro décadas de modernización económica, industrialización petrolera y ampliación de la clase media, todo empujado por la

---

5. Adam Przeworski, *Las crisis de la democracia*, Buenos Aires, Siglo XXI Editores, 2022.

renta hidrocarburífera, base material de un largo período de estabilidad política y paz social que descansaba sobre un modelo partidocrático de reparto de poder entre Acción Democrática y Copei. El Pacto de Punto Fijo permitió moderar la polarización y suavizar el conflicto político, lo que ayudó a que Venezuela evitara los quiebres democráticos y los golpes militares que por esos mismos años asolaban gran parte de América Latina, e hizo que muchos argentinos, uruguayos y chilenos se exiliaran allí. A partir de los años ochenta, sin embargo, el modelo económico derivó en un aumento progresivo de la pobreza y la desigualdad que el diseño político pactista no supo cómo enfrentar. Las formalidades republicanas, las elecciones y los derechos humanos se respetaban, pero el poder no residía en el pueblo, sino más allá, en la gerencia de PDVSA —la Bruselas de la Venezuela pre-Chávez— y en una elite ostentosamente corrupta. En la definición de Mounk, un liberalismo antidemocrático. Sin importar qué votaran, los venezolanos recibían más crisis económica y más ajustes, expresados en hitos como el Viernes Negro y el Caracazo. Los cambios eran, como diría Przeworski, "demasiado pequeños".

Entonces llegó Chávez y le dio el último disparo a un sistema zombie, que caminaba pero estaba muerto, y lo hizo con su singular capacidad para condensar en una sola fórmula espectacular el espíritu de los tiempos: "Juro delante de mi pueblo y sobre esta moribunda Constitución que impulsaré las transformaciones democráticas necesarias para que la República nueva tenga una Carta Magna adecuada a los nuevos tiempos", dijo al tomar posesión, en enero de 1999, mientras los legisladores de los partidos tradicionales lo miraban azorados. Entonces los cambios empezaron a ser "demasiado grandes".

Venezuela

Cuánto de Chávez hay en Maduro

Si el origen —la causa profunda— del declive democrático se sitúa sobre el final del Punto Fijo, una nueva era, totalmente diferente, comenzó con la llegada de Chávez al poder. En sus quince años de gobierno, entre febrero de 1999 y marzo de 2013, Chávez fue concentrando en su figura los principales resortes de poder, recurriendo a maniobras muchas veces situadas al filo de la legalidad y, en ocasiones, aprovechando los errores de la oposición. En 2005, las principales fuerzas opositoras, después de perder el referéndum revocatorio, decidieron no presentarse a las elecciones legislativas, con el objetivo de vaciar de legitimidad al gobierno. El resultado fue una Asamblea Nacional totalmente dominada por el chavismo, que durante cinco años hizo lo que quiso.

En su revisión del primer manuscrito de este libro, Andrés Cañizález, periodista, doctor en ciencia política e investigador asociado de la Universidad Católica Andrés Bello, me envió este comentario: "Así como en el chavismo hay un punto de quiebre, en torno a las legislativas de 2015, para ubicarse en la senda autoritaria, me parece que la oposición, entre sus muchos errores, tuvo uno más costoso que otros, que fue dejarle la Asamblea Nacional a Chávez en 2005. Si bien Chávez tenía desde siempre apetito de concentrar todo, los opositores le dejaron el camino allanado. Con una presencia del 40% en el parlamento, que ha sido una constante en los resultados cuando Chávez estaba vivo, ese conjunto de diputados habría evitado con su sola presencia que el chavismo nombrara a todos los magistrados del Tribunal Supremo de Justicia, a todos los poderes públicos (Contraloría, Defensoría, Fiscalía, Consejo Nacional Electoral). Es algo que ya no ocurrió, pero, si miro por el espejo retrovisor, aquella decisión profundizó el modelo no democrático, y fue una decisión opositora".

Decíamos que, beneficiado por el tremendo error táctico de la oposición de no presentarse a las legislativas del 2005, Chávez logró concentrar las decisiones como nunca. Y, amparado en este poder casi absoluto, tomó medidas autoritarias, como no renovar la licencia de Radio Caracas Televisión, en un claro gesto de revancha por haber apoyado el golpe de Estado en su contra y por resistirse a seguir sus indicaciones —otros canales golpistas negociaron con Chávez y siguieron al aire—. En 2009, luego de que la oposición ganara la Alcaldía Mayor de Caracas, creó la Autoridad Única para el Distrito Capital, designada por él mismo, que absorbió la mayoría de las funciones municipales. (Maduro replicaría la idea con la creación del "Protector de Estado", una figura que no aparece en la Constitución y que consiste básicamente en una estructura institucional paralela que absorbe algunas atribuciones del gobernador cuando gana la oposición, por ejemplo, la gestión de la obra pública, y que en algunos casos incluso es liderada por el candidato oficialista que perdió las elecciones).

Estas maniobras institucionales se completaron con el acoso permanente a la oposición. Algunos dirigentes, al menos una decena, tuvieron que exiliarse o fueron detenidos bajo acusaciones de corrupción durante los gobiernos de Chávez. Y aunque algunas de las denuncias probablemente fueran correctas, lo cierto era que coincidían con las necesidades políticas del presidente y se centraron exclusivamente en opositores, como si no hubiera chavistas corruptos; así, el ex candidato presidencial Manuel Rosales fue detenido y tuvo que exiliarse —más tarde regresó y fue nuevamente elegido gobernador de Zulia—, y el general Raúl Baduel, que había rescatado a Chávez durante el golpe de 2002, fue encarcelado después de rechazar el proyecto de reelección indefinida, y murió en prisión. Uno de los casos más resonantes fue el encarcelamiento de la jueza María Lourdes Afiuni, que había ordenado liberar a un banquero acusado de financiar el golpe de

Estado, cuyo plazo en prisión preventiva había excedido el máximo permitido por la ley. El banquero huyó, y Chávez se enfureció a tal punto que pidió públicamente, en una emisión de *Aló, Presidente*, treinta años de prisión para la jueza, que fue acusada de corrupción, abuso de autoridad y asociación para delinquir, y que permaneció encarcelada durante ocho años (organismos defensores de los derechos humanos e intelectuales insospechados de imperialismo como Noam Chomsky pidieron sin éxito su liberación).

En esa primera etapa, la oposición contribuyó decisivamente a la degradación democrática con el paro petrolero de 2002-2003, el intento de golpe de Estado de 2002, la decisión de no reconocer su derrota en el referéndum revocatorio de 2004, la abstención en las elecciones legislativas de 2005 y las rutinarias denuncias de fraude. Ya volveremos sobre eso, pero ahora digamos que en este período el hilo democrático, a pesar de todo, aún no se había cortado, y que eso ocurriría —como explicamos— a partir del triunfo opositor en las legislativas de 2015 y la Asamblea Constituyente. Teniendo en cuenta estos antecedentes, la pregunta que se impone es hasta qué punto el tipo de régimen político que había construido Chávez prefiguró el sistema, mucho más autoritario, que vino después.

—Yo creo que hubo elementos autoritarios desde el principio. Por ejemplo, en el año 2000, Chávez tenía mayoría en la Asamblea e igual se hizo votar leyes habilitantes para poder decidir por sí solo. Claro que, cuando vino el intento de golpe de 2002 y vimos lo que era eso, la derecha más recalcitrante, muchos nos asustamos y pensamos que, entre estos y Chávez, mejor seguir con Chávez —dice Margarita López Maya.

Historiadora, gran referente de las ciencias sociales latinoamericanas, López Maya conoció a Chávez antes de que llegara a la Presidencia y mantuvo una simpatía inicial con el líder bolivariano, que la eligió como "oradora de orden" ante el pleno de la

Asamblea Nacional. En 2010, Margarita fue candidata a diputada por el partido Patria para Todos, que defendía una política de acuerdos entre gobierno y oposición, pero finalmente terminó alejándose del chavismo. "Muchos de estos elementos autoritarios se fueron acentuando con los años. Un primer hito fue cuando Chávez comenzó a hablar del Socialismo del siglo XXI, ya en 2005, algo que no le interesaba mucho a nadie, al punto de que fue derrotado en el referéndum de 2007 y que después igual implementó por otras vías".

—¿Es decir que el madurismo es una consecuencia natural del chavismo?

—No diría eso, porque creo que siempre hay espacio para que pasen cosas diferentes. Por ejemplo, después de las elecciones de 2013, en las que Maduro ganó por menos de dos puntos, estaba claro que la legitimidad popular que había tenido Chávez se le había escapado. Pero Maduro, en lugar de hacer otra cosa, de abrirse, de llamar a la oposición, se cerró sobre los militares, y así estamos, con un régimen que es como son las autocracias ahora, que no son como las dictaduras clásicas del siglo XX. Esto es algo más sofisticado, más sutil, con elementos autoritarios, totalitarios y hasta sultanescos.

El adjetivo "sultanesco" me queda dando vueltas en la cabeza, así que le pido a Margarita que me lo aclare. Amablemente me manda por email un capítulo de su último libro,[6] de donde copio estos dos párrafos:

> El régimen de Maduro no solo es un autoritarismo franco, sino, en muchos aspectos, extremo. Juan Linz y Alfred

---

6. Margarita López Maya, *Democracia para Venezuela: ¿representativa, participativa o populista?*, Caracas, Alfa, 2021.

Stepan[7] caracterizan un régimen autoritario como sultánico cuando se desarrollan una administración y un cuerpo militar que son primordialmente instrumentos personales del jefe.

De acuerdo a Linz y Stepan, cuatro serían los rasgos del sultanismo como régimen moderno no democrático, la mayoría presente en el régimen chavista bajo la dirección de Maduro. Primero, la presencia de cierto pluralismo en la economía y en lo social, pero siempre sujeto a intervenciones impredecibles y despóticas del gobernante; no hay Estado de derecho y lo que prima es la baja institucionalización y la fusión de lo público y privado. Segundo, hay manipulación extrema y arbitraria de símbolos, pero fuera del personalismo despótico no hay una ideología orientadora, sino una seudoideología en la que no creen ni los funcionarios, ni los gobernados, ni el mundo exterior. Tercero, la movilización es baja y manipulada, de tipo ceremonial, usándose métodos clientelares, sin que exista organización permanente; hay movilización periódica de grupos paramilitares que usan la violencia contra los grupos en la mira del sultán. Y cuarto, el liderazgo es personalista y arbitrario, y carece de restricciones racional-legales.

Autoritarismo por vía del caos

Entre las elecciones legislativas de 2015 y el llamado a la Asamblea Constituyente, Venezuela terminó de consolidarse como un tipo de régimen claramente no democrático, pero no enteramente dictatorial. ¿No? No, en el sentido de que no es resultado de un golpe de

---

7. Juan Linz y Alfred Stepan, *Problems of Democratic Transition and Consolidation: Southern Europe, South America, and Post-Communist Europe*, Baltimore, Johns Hopkins University Press, 1996.

Venezuela como autoritarismo caótico

Estado a la antigua, con los tanques atacando la casa de gobierno, las tropas entrando en el Congreso y la clausura fulminante de los poderes públicos. No hay campos de concentración ni asesinatos masivos ni un autócrata absoluto, que gobierna sin límite alguno. Venezuela no es la Unión Soviética de Stalin o el Chile de Pinochet, pero tampoco es Cuba, con su régimen institucionalizado de partido único y el *Granma* como exclusivo medio de prensa; ni, para el caso, Nicaragua, donde la oposición ha sido directamente cancelada, aunque el fraude en las elecciones del 28 de julio fue un paso más en este camino. Por eso preferimos hablar de un régimen híbrido, que ha ido mutando a lo largo del tiempo, algo mucho más plástico que el tipo de sistema político al que nos remite la expresión "dictadura", lo que se explica en parte porque no fue creado en el siglo XX, sino en el XXI, y no se asentó en un país con escasa tradición democrática y una sociedad civil endeble, como puede haber sido Cuba en 1959, sino en uno con una población consciente de sus derechos y dotada de una larga memoria igualitarista, que durante casi medio siglo vivió una democracia vibrante, con una sociedad civil fuerte y un mundo intelectual que fue referencia en América Latina.

¿Cómo definir, entonces, al régimen venezolano, más allá de la historia y las posibles comparaciones? La mejor manera es hacerlo a partir de una combinación de elementos.

En principio, el autoritario: control total de los poderes del Estado, detenciones ilegales, achicamiento de los espacios de libertad de prensa, gravísimas violaciones de los derechos humanos, persecución política, manipulación electoral, proscripciones, militarización. La represión de opositores, sindicalistas y activistas sociales es selectiva, no es masiva ni incluye a todos, no hay una ESMA ni se ametralla a la gente en los estadios como durante el pinochetismo. Pero es sistemática, en el sentido de que ocurre desde hace años. No es un accidente ni un error, algo que pasó alguna vez, sino una práctica permanente.

Al mismo tiempo es posible encontrar algunos rasgos de tipo más totalitario, en el sentido de un régimen que no se limita a controlar las instituciones políticas, sino que avanza sobre la sociedad y se interna en la vida íntima de las personas: acoso a las figuras públicas opositoras, identificación social de los disidentes —en la famosa Lista Tascón aparecían mencionados los ciudadanos que apoyaron con su firma el referéndum revocatorio de 2004, lo que derivó en casos de discriminación y persecución en el empleo público—. A ello hay que sumar, más cerca en el tiempo, novedosas formas de control biopolítico a través del Carnet de la Patria, la cédula emitida por el Estado, cuyos datos se centralizan en un *software* importado de China, que permite conectar las preferencias políticas con los beneficios sociales.[8] Y, por último, el método conocido como *Sippenhaft*, un invento de la Alemania Oriental que consiste en acosar a los familiares de opositores prófugos con el objetivo de quebrarlos emocionalmente para que denuncien el paradero del perseguido; por ejemplo, a la hermana de un militar acusado de conspirar contra el gobierno la detuvieron en su casa y la mantuvieron ocho días presa, le mostraron una foto de su hijo de cinco años y le dijeron que si no confesaba dónde estaba su hermano le cortarían un dedo (hay varios casos parecidos, entre ellos el de la activista Rocío San Miguel, detenida junto con parte de su familia e incluso su ex marido, un empresario sin actividad política con el que ya no tenía ninguna relación).[9]

Sin embargo, no es un régimen policial total, con sus campos de concentración y su Stasi; uno puede estar tomando una cerveza en la terraza de un bar con un grupo de académicos y miembros de

---

8. https://www.elnacional.com/opinion/columnista/carnet-tras-mis-datos_253366/

9. https://armando.info/una-pesadilla-del-nazismo-revive-en-venezuela/

Venezuela como autoritarismo caótico

ONG que se ríen de Maduro y cuestionan al gobierno en voz alta sin mayores temores. A diferencia de las sociedades que atravesaron largas dictaduras, donde la gente baja instintivamente la voz cuando cuestiona al presidente, en Venezuela las críticas no se murmuran; se gritan. Al mismo tiempo, muchos se cuidan de expresar esas mismas críticas en grupos de WhatsApp, porque hubo casos de detenidos a los que les mostraron conversaciones interceptadas. Es habitual que la gente borre los mensajes cada una o dos semanas; puede ocurrir que la policía, en un control aleatorio, te pida el teléfono, te obligue a desbloquearlo y se ponga a leer. "Yo, cada vez que viajo, borro todo, porque en una época lo hacían mucho en los aeropuertos", me cuenta un sociólogo caraqueño que viaja regularmente a Colombia.

También persisten, aunque arrinconados, espacios de libertad. Venezuela, insistamos, no es una dictadura clásica. Además de gobernadores y alcaldes de la oposición, hay marchas y manifestaciones, absolutamente prohibidas en los Estados dictatoriales. Resultaba curioso observar a los candidatos opositores, para la interna en la que resultó elegida María Corina Machado, recorrer el país en caravanas y actos, muchas veces multitudinarios, hablarles a los manifestantes, sacarse *selfies*, formular declaraciones ante los medios. Si uno no supiera que estaba en Venezuela, daba la impresión de que se trataba de una democracia plena. Por otro lado, no todos los dirigentes opositores van presos; el chavismo nunca se atrevió a detener a Guaidó, por ejemplo, ni a Machado. Los grandes medios de comunicación cerraron o fueron alineándose con el chavismo, como Globovisión, que había apoyado el golpe contra Chávez y fue adquirido por empresarios cercanos al oficialismo, o *Últimas Noticias*, uno de los pocos periódicos impresos que aún circulan. Algunos medios digitales, como *Efecto Cocuyo*, el diario colombiano *El Tiempo* o el argentino *Infobae*, están bloqueados —hay que cambiar la VPN para poder acceder, algo que, por otra parte, todos los venezolanos aprendieron a hacer—. Pero en 2023 se estrenó *Simón*, la película sobre un líder estudiantil detenido y torturado durante el ciclo de protestas de 2017, proyectada con tremendo éxito de taquilla en los cines del país. A diferencia de países como China, las redes sociales están habilitadas; Twitter, de hecho, se ha convertido en la principal arena pública venezolana.

Por último, el gobierno conserva la adhesión de un sector, minoritario pero significativo, de la población.

—¿Cuánta gente apoya convencida a Maduro? —le pregunto a Ricardo Sucre, un conocido analista político con una gran capacidad para desentrañar y explicar las complejidades de cada situación, mientras tomamos un café en una mesa sobre la vereda de una panadería en Caracas.

—Yo diría que el "chavismo de la convicción" oscila entre el 15 y el 20%. Después hay un apoyo más situacional, de gente que no está contenta con lo que está pasando, que reconoce la crisis económica, el colapso de los servicios públicos, todo lo que ya sabemos, pero que siente que un cambio de gobierno podría ponerla en una situación peor. Es gente que percibe con razón a la oposición como perteneciente a otra clase social y que siente que, si llegan, les van a quitar lo poco que tienen; los CDI (centros de atención médica integral de la Misión Barrio Adentro, muchos de ellos atendidos por médicos cubanos) están muy mal, las escuelas bolivarianas también, pero están ahí. Y es más el temor a que eso desaparezca que el malestar por la crisis. La idea de muchos es que no solo vienen por Maduro, sino por nosotros.

—¿Pesa el amor por Chávez, el recuerdo de las misiones y los avances sociales?

—Sí, claro. La mayoría diferencia a Chávez de Maduro.

Concluyamos. Los elementos mencionados —el autoritario, el totalitario, el democrático— se han combinado de diferente manera a lo largo del tiempo, según las necesidades del gobierno y las circunstancias, lo que complica cualquier análisis. Un ejemplo de lo difícil que resulta conceptualizar el sistema venezolano es el de las elecciones regionales del 21 de noviembre de 2021, las primeras de la etapa de normalización iniciada después del giro autoritario, con participación plena de la oposición y observación de la Unión Europea. Como suele suceder en los comicios estatales, la fuerza del chavismo en el interior del país y las divisiones de la oposición le permitieron ganar en 20 de los 23 estados. Sin embargo, perdió en Barinas, la tierra natal de Chávez y corazón del feudo familiar, un estado pequeño, ubicado a unos 500 kilómetros de Caracas, en medio de los llanos, que es como decir la Pampa argentina, célebre por su fama de hombres duros acostumbrados a la adversidad del clima y el manejo del ganado. Desde 1998, Barinas era gobernado por la familia Chávez: primero el padre, después un hermano y finalmente otro hermano, Argenis Chávez, que en 2021 disputaba su reelección.

Para sorpresa del gobierno, que había descontado un triunfo y quizá por eso se distrajo, el candidato opositor Freddy Superlano se impuso por menos de un punto, según los datos del Consejo Nacional Electoral. La noticia cayó como meteorito en un chavismo desconcertado, que primero dudó y después reaccionó; en una maniobra desprolija incluso para los generosos cánones bolivarianos, el CNE le comunicó a Superlano —¡después de la elección!— que estaba inhabilitado y que, por lo tanto, los comicios quedaban anulados. El CNE convocó a nuevas elecciones, y la oposición quedó frente al dilema de siempre: presentarse y convalidar las maniobras antidemocráticas del gobierno o perder definitivamente la gobernación. Intuyendo el cansancio de los barineses, decidió dar pelea. Superlano quiso candidatear a su mujer —le informaron que estaba inhabilitada, a pesar de que nunca había ocupado un cargo público— y a su delfín político —también inhabilitado—, de manera que terminó apoyando a un concejal desconocido. El chavismo anunció que Argenis Chávez, que había protagonizado una derrota vergonzosa, no se presentaría, y designó en su reemplazo a Jorge Arreaza, un experimentado dirigente que fue vicepresidente, canciller y que estuvo casado con una de las hijas de Chávez, y volcó a su favor todo el peso de la administración; en las semanas previas a la nueva elección, no faltó gasolina en Barinas. "Era increíble, parecía que te estaban esperando en las estaciones de servicio para invitarte a llenar el tanque", me contó un barinés. Pero no fue suficiente. Apoyado por todos los partidos, el desconocido candidato opositor se impuso por 14 puntos de diferencia. El oficialismo aceptó la derrota, y Maduro se reunió con el gobernador electo.

El caso de Barinas es un ejemplo del autoritarismo del gobierno y de las posibilidades de la oposición (que de hecho lo tomó como referencia para las elecciones presidenciales de 2024), y una muestra de cómo el régimen venezolano es consecuencia de procesos que se van dando progresivamente a partir de una serie de decisiones tomadas en función de la correlación de fuerzas, el ánimo de la sociedad, las presiones internacionales. Muchas de las medidas y las políticas que dieron forma al singular sistema venezolano fueron respuestas tácticas, en general pensadas como transitorias, pero que se convirtieron en permanentes. Como en el jazz, el gobierno improvisa sin ajustarse a un modelo previamente diseñado, una hoja de ruta o un proyecto revolucionario —como pueden haber sido el ruso, el chino, e incluso, con sus idas y vueltas iniciales, el cubano—, sino trazando un recorrido largo, tortuoso y, sobre todo, desordenado, muy desordenado.

Esto le imprime al régimen venezolano un último rasgo sobresaliente: el caos. Algunos autores lo definen como un "autoritarismo caótico",[10] un sistema en el que la voluntad autoritaria del

---

10. Pablo Stefanoni, "El retroceso nacional-estalinista", https://nuso.org/

gobierno choca contra la fragilidad del Estado y la debilidad de su burocracia, la ineficiencia y la corrupción. Como ya contamos, el Estado no puede asegurar su control sobre toda la población ni sobre la totalidad de territorio, de modo que el autoritarismo se mezcla con una tendencia al *laissez-faire* en el terreno de la delincuencia económica —el modelo dolarizador es inescindible de la economía ilegal— y una política de zonas liberadas a la violencia ciudadana, cuyo ejemplo más paradigmático es la autogestión del sistema penitenciario por las organizaciones criminales. El autoritarismo caótico supone que no hay una cadena de mandos perfecta que aplique un plan consistente, una autoridad central capaz de controlar verticalmente lo que pasa.[11] Por eso, el caos no es un accidente ni un resultado no deseado, sino la paradójica condición de posibilidad de la estabilidad política y de la vigencia del modelo autoritario.

---

articulo/el-retroceso-nacional-estalinista/

11. https://nuso.org/articulo/las-vias-enmaranadas-del-autoritarismo-bolivariano/

7

Militares y derechos humanos

Promediaba 2016 y el desabastecimiento había alcanzado niveles dramáticos. La caída de los precios del petróleo, la imposibilidad de seguir tomando deuda en los mercados internacionales y el agotamiento de las reservas habían obligado al gobierno a recortar las importaciones, que se redujeron a menos de un tercio, lo que, dada la destrucción del aparato productivo nacional, implicaba privar a los venezolanos de casi todo. Aunque el Banco Central había dejado de publicar el Índice de Escasez dos años antes, la falta de productos básicos era ostensible. A pesar de que no llegó a ser total, la situación era crítica. Filas como serpientes gigantes poblaban las calles cercanas a los negocios en busca de las pocas cosas que se vendían a precio regulado y que a los pocos minutos volaban de los anaqueles. El mercado negro —"bachaqueo"— prosperaba en cada esquina; durante estos años, uno de los trabajos informales más comunes era correr al mercado o comercio que disponía de algún producto deseado —pasta de dientes, por ejemplo— o comprarlo a través de algún contacto al mayorista, para revenderlo en la calle.

En este contexto aciago, el 12 de julio Maduro lanzó la Gran Misión de Abastecimiento Soberano y Seguro. El objetivo de la iniciativa, anunciada con la pompa correspondiente en el Palacio de Miraflores, era garantizar el acceso a alimentos, bebidas y productos de higiene y limpieza a precios justos y de manera permanente. Fue designado al frente de esa tarea el ministro de Defensa, general Padrino López, quien nombró, con impecable lógica marcial, a un militar de alto rango en cada rubro. Así, el general de brigada Manuel Vera Boada, comandante de la Fuerza Aérea, quedó a cargo del papel higiénico, los pañales y las toallas higiénicas; el contraalmirante Juan Jiménez Peña fue nombrado responsable del café; el contraalmirante Adolfo Contreras Soto, de la margarina; el general Javier Antonio Rosales Duque, de la distribución de maíz, en posible conflicto de intereses con el vicealmirante Freddy Lozada Peraza, que debía garantizar la provisión de harina de maíz. El responsable de la higiene personal de los venezolanos sería el general de brigada Fernando Prieto Ventura, con competencias sobre el jabón, el champú, la pasta de dientes y el desodorante. Probablemente por pertenecer a la Marina, la vicealmirante Luisa María Lozada Fergusson fue la encargada del pescado. Circulaba la versión de que el gobierno no había designado a nadie al frente de la producción avícola porque en Venezuela no había militares con huevos.

La Gran Misión de Abastecimiento Soberano y Seguro, uno de los puntos más altos del folclore gestionario bolivariano, no dio los resultados esperados, lo que obligó a anunciar sucesivas correcciones, hasta que finamente se fue diluyendo. En todo caso, es una muestra, entre otras tantas posibles, de la relevancia política y económica que adquirieron las Fuerzas Armadas desde la llegada de Chávez al gobierno. Para completar la caracterización política del sistema venezolano, entonces, hay que considerar la dimensión militar y otra relacionada, las violaciones de los derechos humanos, que terminan de dibujar la fisonomía única del régimen.

Comienzo por los militares.

Desde los años ochenta, todos los gobiernos latinoamericanos hicieron esfuerzos por empujar nuevamente a los militares a sus cuarteles, profesionalizarlos y alejarlos de las tentaciones políticas. Venezuela avanzó en sentido contrario. Al igual que otras tendencias —la concentración de poder en la figura del presidente, el antirrepublicanismo—, la presencia política de los militares fue un proceso largo que comenzó con la llegada de Chávez al poder y se acentuó a partir de la asunción de Maduro. Poco después de asumir el gobierno, Chávez le otorgó a la Fuerza Armada —a la que rebautizó FANB, Fuerza Armada Nacional Bolivariana— diversos espacios de poder, mientras les devolvía a sus viejos camaradas el derecho al voto —antes prohibido— y eliminaba su carácter apolítico, explícitamente establecido en la Constitución. Si el intento de golpe de 2002 reveló la fractura militar, una serie de purgas posteriores terminaron por asegurar la lealtad de la FANB, que en 2007 fue redefinida por decreto como un cuerpo "patriótico, popular y antiimperialista" y obligada a adoptar una nueva fórmula de juramento: "Patria, socialismo o muerte". (Cuatro años más tarde, luego de su primera operación en Cuba para intentar eliminar el cáncer que terminaría matándolo, Chávez ordenaría un nuevo cambio de juramento, que pasaría al menos funerario "¡Patria socialista y victoria! ¡Viviremos y venceremos!").

Ex capitán de paracaidistas formado en la Academia de Fuerte Tiuna, Chávez tenía un ascendente natural sobre los militares, en especial sobre el escalafón más bajo. A diferencia de otros países de la región, en Venezuela la Fuerza Armada se nutrió históricamente de personas pertenecientes a los sectores populares y las clases medias bajas, muchas de ellas provenientes del interior del país, como un vehículo de ascenso social. El mismo Chávez, nacido en una casa de piso de tierra, hijo de un modesto maestro de escuela primaria, es un ejemplo. Maduro, en cambio, proviene del mundo sindical y, al momento de asumir la presidencia, carecía de influjo sobre la tropa. Por eso, luego de la muerte de Chávez, la crisis económica y la creciente reducción de la base social del gobierno convencieron a Maduro de la necesidad de fortalecer la presencia de los militares comprometiéndolos con el futuro de su gestión, de modo tal que su eventual caída implicara también el final de sus privilegios. Si durante los gobiernos de Chávez los militares habían asumido un creciente protagonismo político, durante la presidencia de Maduro se convirtieron también en un poder económico.[1] Los militares no son "aliados" o "socios" del gobierno, sino parte esencial del dispositivo bolivariano.

A juzgar por los resultados, la estrategia fue exitosa; incluso en las situaciones más difíciles, como en mayo de 2019, cuando Leopoldo López fue liberado con complicidad de un sector militar en un momento en que Guaidó aseguraba contar con el respaldo uniformado y Trump advertía, a través de su asesor de Seguridad Nacional, John Bolton, que la FANB debía "hacer lo correcto", la Fuerza Armada se mantuvo leal a Maduro.

Revisamos algunos datos. En las últimas elecciones regionales, las de 2021, cuatro militares fueron elegidos gobernadores en las listas chavistas.[2] En diciembre de 2021, 11 de los 34 miembros del gabinete nacional eran militares activos o retirados, incluyendo áreas estratégicas como defensa, fronteras, aguas y seguridad.[3]

---

1. https://nuso.org/articulo/los-militares-en-la-politica-y-la-economia-de-venezuela/

2. https://talcualdigital.com/cuatro-de-los-gobernadores-electos-el-21nov-provienen-de-la-fan/

3. https://www.fundacioncarolina.es/wp-content/uploads/2022/01/AC-3.-2022.pdf

Y si es cierto que luego disminuyeron su presencia, no fue porque perdieran poder, sino porque perdió poder... el gabinete —muchas atribuciones de los ministros fueron transferidas a los jefes de las Regiones de Defensa Integral, comandadas obviamente por militares—. Los militares controlan la provisión de alimentos, la energía, el Metro de Caracas, la minería —a través del *holding* de la Corporación Venezolana de Guayana—, la producción de aluminio, acero y hierro, los puertos y las aduanas y el transporte de carga aéreo. Son dueños de un centenar de empresas bajo la órbita del Ministerio de Defensa, con siglas largas como palabras en alemán: Construfanb (Constructora de la Fuerza Armada Nacional Bolivariana CA), Cancorfanb (Empresa Mixta Bolivariana Constructora de la Fuerza Armada Nacional Bolivariana), Samalguarn (Servicio Autónomo de Mantenimiento de Lanchas de la Guardia Nacional), entre otros.[4]

El otro resorte clave es la seguridad interna, que manejan de manera directa o a través de la Policía Nacional Bolivariana, un cuerpo de seguridad civil liderado por un militar y cuyos integrantes cambiaron hace unos años el clásico uniforme azul por uno de estampa camuflada, como si los policías, de trabajo por lo general urbano, tuvieran que esconderse en la selva o las montañas.[5] El Servicio Bolivariano de Inteligencia Nacional (Sebin), responsable de parte de las operaciones de persecución política, también es un organismo civil controlado por un militar. El total de efectivos militares pasó de 194.744 en 2014 a 365.315 en la actualidad.[6]

---

4. Francine Jácome, "El gobierno bolivariano subcontrata a los caudillos de la Fuerza Armada", *Armandoinfo*, noviembre de 2017.

5. https://www.tran.org/ve/blog/2017/08/3418/nuevos-uniformes-de-la-pnb-distan-de-la-imagen-humanista-que-aseguran-tener

6. http://www.scielo.org.co/pdf/espo/n53/2462-8433-espo-53-00260.pdf

Por último, la Milicia Nacional Bolivariana. Creada por Chávez como una fuerza popular complementaria —el "cuarto componente" de la Fuerza Armada junto al Ejército, la Armada, la Fuerza Aérea y la Guardia Nacional—, la Milicia se encuentra esparcida a lo largo del territorio nacional en miles de "Unidades Populares de Defensa Integral" y "Cuerpos Combatientes", una gigantesca masa de simpatizantes chavistas con alguna vaga formación militar e ideológica, al estilo de los Comités de Defensa de la Revolución cubanos. Según Maduro, la integran 4,5 millones de personas. Probablemente sean bastantes menos, y no está claro dónde empieza y dónde termina un miliciano; en su gran mayoría son civiles que en general tienen alguna relación con el Estado, empleados públicos, responsables de la distribución de alimentos, trabajadores de las comunas o del partido. Constituyen una fuerza inorgánica y difusa, pero muy extendida en el territorio y potencialmente útil en caso de emergencia.

No todos los militares parecen contentos con su utilización política. Según la especialista Rocío López San Miguel, detenida por orden del gobierno, la propia Guardia Nacional filtró, quizá para alertar de lo que estaba sucediendo, un informe que revelaba que 4009 efectivos habían abandonado la fuerza en los últimos años. Además, unos 180 militares están presos, acusados de participar en algún tipo de conspiración, y hay cientos de exiliados, de todos los rangos. Sin embargo, la disciplina se mantiene; la gota puede estar horadando la roca, pero no se ha producido una fisura significativa ni mucho menos un quiebre vertical de la cadena de mandos, que es la condición para una guerra civil abierta o un golpe de Estado exitoso. Consciente de su debilidad, Maduro fortaleció Guardia Nacional, que le responde, y amplió la Guardia de Honor Presidencial, al tiempo que designó en las posiciones estratégicas —aquellas de las que depende directamente la tropa y el armamento, los "fierros"— a efectivos de confianza.

Militares y derechos humanos

Los mecanismos para asegurar la lealtad militar no se limitan a los cargos públicos o la gestión de empresas estratégicas, sino que buscan llegar a las jerarquías más bajas, a través de la vigilancia constante, pero también de diversas concesiones. Por ejemplo, la provisión de gasolina, clave para la supervivencia cotidiana, está en manos de militares, a los que Maduro cedió el control del transporte y la venta minorista en las estaciones de servicio ("bombonas"). Un periodista venezolano que vive en el este de Caracas me cuenta: "En una bombona cerca de mi casa se vende gasolina a precio subsidiado, que es muy barato; llenas el tanque con menos de 3 de dólares. La fila, como te imaginarás, es eterna. Pues bien, los militares inventaron una fila paralela, a un precio mayor, unos 10 dólares, pero que va más rápido, con lo que te evitas una espera que puede ser de dos o tres horas. Son militares de rango bajo, tenientes, capitanes. Imagínate la pequeña fortuna diaria que significa para ellos, y el temor a que caiga el gobierno y se acabe el negocio. Este tipo de cosas ayudan a consolidar el apoyo".

¿Hasta dónde llega la represión?
El Informe Bachelet

En julio de 2019 la Alta Comisionada de las Naciones Unidas para los Derechos Humanos, Michelle Bachelet, visitó Venezuela, se reunió con Maduro y con Guaidó y entrevistó a víctimas, familiares, empresarios, académicos, periodistas y miembros de la Iglesia. El gobierno facilitó el acceso a las fuentes de información, incluyendo a detenidos. Al finalizar escribió un informe contundente, que contiene denuncias gravísimas, pero que, para una mejor comprensión, exige una lectura que separe la paja del trigo. ¿Qué dice de Venezuela que no se pueda decir de otros países latinoamericanos? ¿Cuál es la singularidad de la denuncia, eso que ubica al país en un lugar diferente del que ocupan otras democracias latinoamericanas?

El informe comienza describiendo el deterioro socioeconómico de los últimos años y las malas condiciones de vida, los déficits de los servicios públicos, las muertes por enfermedades evitables, el drama del embarazo adolescente, la reaparición de viejas enfermedades como el sarampión. Aunque graves, se trata de problemas comunes a otros países de la región. Menciona la emigración masiva, que en aquel momento era de 4 millones de personas y que hoy es de alrededor de 7 millones. Tampoco es una rareza, ni el caso más extremo; en términos absolutos, el país latinoamericano con más ciudadanos viviendo fuera de sus fronteras es México —12 millones, casi todos en Estados Unidos—, y en términos relativos es El Salvador, que ha expulsado a más del 25%.

Los expertos de Naciones Unidas denunciaron también la brutalidad policial, en particular con la modalidad de las FAES, las fuerzas especiales de la policía que ingresan en los domicilios particulares, asesinan a los sospechosos y plantan pruebas, del mismo modo que identificaron un aumento de la cantidad de personas que terminaron muertas en episodios calificados como "enfrentamientos" con las fuerzas de seguridad. Aunque es imposible establecer una comparación, porque los datos son difíciles de reconstruir, los asesinatos extrajudiciales son una práctica muy extendida entre las fuerzas de seguridad de América Latina.

La discrecionalidad en la distribución de la ayuda social e incluso alimentaria es otro de los puntos denunciados en el informe, que comprueba que las listas de quienes la reciben no son manejadas por organismos públicos neutrales, sino por integrantes del PSUV que tienen en cuenta la actividad política de los beneficiarios. En este aspecto, Venezuela marca un contraste con los programas de transferencia de ingresos implementados por otros gobiernos de izquierda, como el Bolsa Familia lanzado por el Partido de los Trabajadores (PT) en Brasil o la Asignación Universal por Hijo creada por el kirchnerismo, que buscan no solo ampliar el universo de receptores, sino también eliminar las intermediaciones clientelares a través padrones elaborados de acuerdo con ciertos parámetros objetivos, como el nivel de ingreso o la cantidad de hijos.

En suma, el informe incluye una serie de denuncias graves, pero comunes a otros países de la región. Venezuela no es el país latinoamericano más pobre, ni el que sufre el déficit más dramático de sus servicios públicos, ni el que expulsa a más ciudadanos, ni el más violento, ni el único donde la policía asesina personas. Pero Venezuela sí constituye un caso único —a excepción de Nicaragua— en materia de derechos políticos, libertades cívicas y democracia. Desde hace "al menos una década", sostiene el documento de Naciones Unidas, el gobierno y las instituciones que le responden "han aplicado leyes y políticas que han acelerado la erosión del Estado de derecho y el desmantelamiento de las instituciones democráticas, incluyendo la Asamblea Nacional", una tendencia que se ha acentuado a partir de 2015.

Los agravios se acumulan: ataques a la libertad de expresión ("El gobierno ha tratado de imponer una hegemonía comunicacional imponiendo su propia versión de los hechos y creando un ambiente que restringe los medios de comunicación independientes"); persecución a los opositores ("Sucesivas leyes y reformas legislativas han facilitado la criminalización de la oposición y de cualquier persona crítica al gobierno mediante disposiciones vagas, aumentos de sanciones por hechos que están garantizados por el derecho a la libertad de reunión pacífica, el uso de la jurisdicción militar para personas civiles, y restricciones a ONG para representar a víctimas de violaciones de los derechos humanos"); represión selectiva de disidentes ("El gobierno ha utilizado las detenciones arbitrarias como uno de los principales instrumentos para intimidar y reprimir a la oposición política y cualquier expresión de disensión, real o presunta, al menos desde 2014", con un total comprobado de al menos 135 casos); torturas ("Aplicación de corriente eléctrica, asfixia con bolsas de plástico, simulacros de ahogamiento, palizas, violencias sexuales, privación de agua y comida, posturas forzadas y exposición a temperaturas extremas); brutalidad policial ("Las fuerzas de seguridad y los servicios de inteligencia, especialmente el Sebin, recurrieron de manera habitual a esas medidas para extraer información y confesiones, intimidar y sancionar a las personas detenidas"); ataques contra familiares, en particular esposas de políticos opositores ("Son interrogadas sobre el paradero de sus familiares y, en algunos casos, son maltratadas y torturadas. Estas detenciones son llevadas a cabo como instrumento para ejercer presión sobre los supuestos fugitivos, pero también como un castigo. Las mujeres son sometidas a violencia sexual y de género").

Apenas publicado, el Informe Bachelet produjo una conmoción en la izquierda latinoamericana, por dos motivos. El primero porque, en un país donde la polarización extrema y la baja credibilidad de los actores políticos impide muchas veces acceder a información imparcial, se describía, en el registro seco pero clarísimo de los organismos internacionales, una larga serie de violaciones de los derechos humanos. El segundo motivo es que la responsable de escribirlo no fue una funcionaria de derecha ni un enemigo jurado del chavismo, ni siquiera un burócrata internacional proveniente de un país lejano —el anterior comisionado, por ejemplo, era jordano—, sino una ex presidenta socialista que formó parte del club de líderes progresistas latinoamericanos y que mantuvo una relación amistosa con Chávez.

Las denuncias fueron ampliadas después por una Misión Internacional Independiente establecida por el Consejo de Derechos Humanos de la ONU, y están siendo objeto de una investigación por la Corte Penal Internacional. En un informe posterior difundido en septiembre de 2020, la ONU ratificó las conclusiones de Bachelet, amplió varias denuncias y dejó claro que se trata de una política planificada y sistemática.

8

¿Por qué la oposición no llegó al poder (aunque lo acarició un par de veces)?

La oposición es parte esencial del problema venezolano. Considerada en conjunto, es corresponsable de la decadencia del país, coprotagonista del drama —aunque con una responsabilidad diferente de la del gobierno— que vive la sociedad desde hace demasiados años. A pesar de una economía que se redujo a un cuarto en pocos años, de una pobreza que trepó a niveles centroamericanos, de los apagones y la escasez, ¿por qué la oposición, cada vez que parecía que finalmente lograría llegar al poder, por las buenas o por las malas, por vía democrática o mediante algún tipo de insurrección o golpe de Estado, se limitó a acariciarlo?

La primera explicación es estratégica. A lo largo de casi veinticinco años de gobierno bolivariano, la oposición nunca pudo ponerse de acuerdo con qué plan adoptar, si seguir el camino de la construcción democrática —aun bajo un sistema que se tornaba más y más autoritario— o si jugarse todo a las operaciones insurreccionales, el quiebre de las fuerzas militares y el golpe de Estado. Cíclicamente probó ambas opciones.

La vía antidemocrática prevaleció en los primeros años de Chávez, cuando los dos partidos tradicionales del Punto Fijo, Acción Democrática y Copei, fueron barridos por la fuerza incontenible del nuevo líder e hicieron todo lo que pudieron por desplazarlo del poder; fueron los años del golpe de Estado de 2002 y del paro petrolero de 2002-2003, que terminó con una rotunda victoria de Chávez sobre la gerencia de PDVSA.

La alternativa democrática se impuso después de esta derrota política de la oposición, cuando las fuerzas antichavistas activaron los mecanismos para convocar a un referéndum revocatorio en 2004, que Chávez aceptó disputar y ganó limpiamente —hasta Estados Unidos reconoció su triunfo—. Esto hizo que al año siguiente la oposición volviera al camino antidemocrático, absteniéndose de participar en las elecciones legislativas de 2005, un intento de privar de legitimidad al gobierno que redundó en una Asamblea Nacional totalmente dominada por el oficialismo. Poco después, sin embargo, ya desplazados del liderazgo los partidos tradicionales, la oposición organizó una interna multitudinaria y logró presentar un candidato único, el gobernador del poderoso estado de Zulia, Manuel Rosales, a las elecciones presidenciales de 2006; Chávez ganó, y Rosales aceptó los resultados. Y al año siguiente, cuando un Chávez pasado de rosca convocó a un referéndum constitucional para acelerar el tránsito al Socialismo del siglo XXI y habilitar la reelección indefinida, la oposición desplegó una intensa campaña de rechazo que terminó dando sus frutos; el gobierno perdió por un punto. (Dos años después, en 2009, Chávez convocaría a un segundo referéndum para habilitar su reelección, que esta vez ganaría cómodamente).

Así podríamos seguir hasta ahora, señalando momentos en los que la oposición acepta jugar bajo las reglas cada vez más tramposas del chavismo y otros en los que elige apartarse. Lo curioso es que esta oscilación a veces se verifica el mismo año; por ejemplo,

¿POR QUÉ LA OPOSICIÓN NO LLEGÓ AL PODER...?

el 31 de octubre de 2004, la oposición participó en las elecciones regionales, y prácticamente un año después, el 4 de diciembre de 2005, se abstuvo en las parlamentarias (en diciembre de 2006 participaría nuevamente en las presidenciales).

Esta conducta errática se suma a otra: a veces —obviamente cuando gana, pero también, en ocasiones, cuando pierde— la oposición reconoce los resultados, y otras veces no. Los aceptó en las presidenciales de 2006, en las que Chávez derrotó a Rosales, y en 2012, cuando Chávez, ya muy enfermo, venció a Henrique Capriles con una ventaja de diez puntos. Pero denunció fraude tres meses después, en las presidenciales de 2013, en las que Maduro volvió a derrotar a Capriles por una diferencia muy estrecha. Del mismo modo, la oposición aceptó los resultados de las legislativas de 2015 —cuando obtuvo su mayoría de dos tercios, luego birlada por el gobierno—, pero no los de las regionales de 2017 —en las que se impuso el chavismo—. La oposición rechazó el resultado del referéndum revocatorio de 2004 (ganó Chávez), pero acató el del referéndum constitucional de 2007 (perdió Chávez).

En algunos momentos, los partidos opositores lograron liderar ciclos de intensa movilización popular. En 2007, cuando Chávez, después de su triunfo presidencial de 2006, se creyó imbatible y anunció el cierre de Radio Caracas Televisión. O en 2014, luego de la reelección de Maduro, cuando se levantó una ola de protestas que fue duramente reprimida por el gobierno. O en 2017, después de que el chavismo bloqueara la vía democrática del referéndum revocatorio. Quizás el momento más esperanzador fue la autoproclamación de Juan Guaidó como "presidente legítimo" el 11 de enero de 2019, poco después de que Maduro asumiera su segundo período presidencial tras unas elecciones irregulares cuyas características ya describimos. Con el argumento de que el mandato de Maduro era ilegal y el presidente un "usurpador", Guaidó, recién elegido titular de la Asamblea Nacional, apeló a un artículo de la

Constitución sobre la eventualidad de un "vacío de poder" para reivindicar la Presidencia, y fue velozmente "reconocido" por unos 60 países, incluyendo Estados Unidos, Francia y la España de Pedro Sánchez. Sin embargo, con el paso de los meses fue quedando claro que el poder real nunca había cambiado de manos y que ni la prometida movilización popular ni el esperado quiebre de la Fuerza Armada se producirían. Guaidó tuvo que contentarse con el apoyo internacional y el control de algunas empresas venezolanas con sede en el exterior, donde se registraron casos de desmanejos administrativos y corrupción no muy diferentes de los del chavismo, hasta que su estrella se fue apagando.

La segunda explicación de la debilidad opositora —que en buena medida es consecuencia de la anterior— es su eterna división, el hecho de que solo logra unificarse transitoriamente y que, incluso cuando lo hace, se limita a una articulación electoral, por debajo de la cual se agita un mar embravecido de internas, intereses y egos. Las líneas de fractura pasan por la táctica —participar o no en las elecciones, sentarse a alguna de las frecuentes mesas de diálogo o no—, pero también por la caracterización del gobierno —algo, poco o nada que rescatar—, la valoración de sus líderes —¿Chávez y Maduro son lo mismo?— y, por supuesto, el proyecto alternativo. Todos están de acuerdo en la necesidad de desalojar al chavismo del poder, pero son muy pocas las coincidencias a la hora de definir qué hacer después —la propuesta de María Corina Machado de privatizar PDVSA, por ejemplo, generó el rechazo inmediato de la mayoría de los dirigentes opositores—. El hecho de que una parte de la dirigencia opositora, incluyendo a líderes como Leopoldo López, se encuentre exiliada, y otra viviendo en Venezuela, hace que la perspectiva desde la que cada uno ve las cosas —y los incentivos con los que cuenta— sea muy diferente. Como demuestra el escándalo de Monómeros, la petroquímica venezolana situada en Colombia cuyo control fue asumido por representantes del "gobierno" de Guaidó, para algunos dirigentes el ejercicio de la oposición a distancia es, antes que nada, un cómodo medio de vida.

El desacuerdo estratégico se refleja también en la posibilidad de tercerizar la salida de Maduro por vía de un endurecimiento de las sanciones e incluso de una intervención militar extranjera liderada por Estados Unidos, una hipótesis más bien delirante —Elliott Abrams, enviado especial de Trump para Venezuela, la calificó de "realismo mágico"—,[1] pero que algunos líderes opositores llegaron a considerar no solo factible, sino incluso deseable. María Corina Machado la reivindicó de manera abierta,[2] y Guaidó no la descartó nunca.

Por otro lado, la emigración le quita fuerza a la oposición. La primera ola migratoria, que comenzó con la llegada de Chávez al gobierno, estaba conformada en su mayoría por venezolanos de clase media con niveles altos de formación —trabajadores de la industria petrolera, por ejemplo— que lograron insertarse rápidamente en sus países de destino, en particular, Colombia, Estados Unidos y España. A esta corriente de tipo más ideológica, que rechazaba horrorizada el rumbo que iba tomando el país, le siguió una segunda, mucho más masiva y pobre. Aunque el voto en el exterior está formalmente habilitado, las dificultades impuestas por los consulados y el hecho de que solo puedan sufragar los emigrados legales lo reduce a un porcentaje mínimo, cercano al 3% del total.[3] (Resulta interesante comprobar, a la hora de discutir sobre voluntades democráticas, que el gobierno bolivariano desincentiva

---

1. https://www.youtube.com/watch?v=6XeXBZ3jRlU
2. https://www.bbc.com/mundo/noticias-america-latina-48142847
3. https://es.euronews.com/2018/05/17/-por-que-solo-cerca-del-3-de-los-millones-de-venezolanos-en-el-extranjero-va-a-votar-

el voto en el exterior, mayoritariamente opositor, mientras que otros partidos de izquierda, como el MAS boliviano o el Frente Amplio uruguayo, siempre lo fomentaron).

Pero el impacto político de la emigración no se limita a diezmar al electorado natural de la oposición. Los emigrados garantizan un flujo permanente de dólares por vía de remesas; casi un cuarto de los hogares venezolanos (alrededor de 2,1 millones) recibió dinero del exterior en 2022,[4] por un total estimado de 3500 millones de dólares, equivalente al 5% del PBI. Las remesas llegan a través de los mecanismos tradicionales (transferencias bancarias) o mediante alguna de las plataformas creadas para ello, como Papaya —"Enviar dinero a Venezuela… más papaya imposible"—. La paradoja consiste en que el flujo permanente de dólares ayuda a paliar la situación, muchas veces dramática, de los familiares que se quedaron en el país y mejorar en algo su calidad de vida, a la vez que constituye un alivio para una economía eternamente sedienta de divisas. Como en Cuba, los emigrados, en su mayoría opositores, ayudan, por vía indirecta, a sostener al gobierno (aunque es verdad que, también como en Cuba, la emigración venezolana, sobre todo en Estados Unidos y Colombia, se ha ido constituyendo en un *lobby* político que presiona por una diplomacia dura que trabaje para un cambio de régimen).

El último motivo del fracaso de la oposición, quizás el más decisivo y el que sus dirigentes siempre se han negado a aceptar, es el sesgo de clase. La oposición sigue siendo percibida como un negocio de ricos. Como muestra cualquier mapa del voto, su fuerza se concentra en los sectores medios y medio-altos (aunque los resultados del 28 de julio parecen haber cambiado esta línea histórica). Y aunque los líderes del antichavismo atribuyen esta desconfianza al control social que el gobierno ejerce en los barrios gracias a la distribución de ali-

---

4. https://www.bloomberglinea.com/2022/04/11/cual-ha-sido-el-impacto-de-las-remesas-en-venezuela-durante-el-ultimo-ano/

mentos a través de los CLAP o mediante el amedrentamiento de grupos armados, la explicación hay que buscarla en otro lugar.[5] Sucede que, con algunas excepciones, la mayoría de los dirigentes opositores se negó a reconocer de manera franca y abierta los avances sociales logrados por el chavismo en sus primeros años. Y además alcanza con revisar las biografías de sus principales líderes para comprobar que pertenecen —a diferencia de buena parte, aunque no toda, de la cúpula chavista— a las clases más acomodadas, que históricamente han visto a los pobres con un desprecio teñido de indisimulado racismo (como Andreína Mijares, el personaje de *Patria o muerte*, novela político-policial de Alberto Barrera Tyszka, para quien "la pobreza es un paisaje lejano, el sonido distante de las estadísticas").

La pregunta viene del Caracazo, la explosión de 1989 en la que los habitantes de los cerros que rodean Caracas dejaron sus bloques de viviendas para tomar la ciudad, en unas jornadas de furia que concluyeron con una violenta represión del Ejército y una cantidad indeterminada de muertos. ¿Por qué durante el largo período chavista los pobres no bajaron de los cerros para tumbar al gobierno? Las crisis dejan sus marcas en los líderes que saben leerlas. Así como todos los presidentes argentinos gobiernan con el fantasma de un estallido al estilo del de 2001, el chavismo es consciente de que su continuidad se juega en buena medida en evitar que los sectores populares acompañen las convocatorias opositoras, para lo cual dispone del apoyo de un núcleo minoritario pero consolidado de la población y de una compleja tecnología de contención social de palo y zanahoria, que va desde la asistencia alimentaria, las becas y ayudas y la integración en alguno de los múltiples dispositivos estatales, incluyendo el partido y las milicias, hasta la extorsión clientelar y el amedrentamiento liso y llano.

---

5. https://nuso.org/articulo/venezuela-por-que-no-bajan-de-los-cerros/

Venezuela

Hablemos de porcentajes

Como señalamos al comienzo de este capítulo, el repaso de la historia reciente de Venezuela confirma que la oposición ha sido protagonista de la decadencia del país. ¿Cuánta responsabilidad tiene el gobierno y cuánta la oposición? Se lo pregunto a Xabier Coscojuela, un reconocido periodista venezolano que fue director *Tal Cual*, periódico fundado por Teodoro Petkoff, y que acepta responder este interrogante imposible mientras tomamos un café en Miga's, un bar estilo norteamericano en Caracas.

—Bueno, no es algo fácil de decir. Lo que te podría decir es que hubo dos momentos, bastante alejados entre sí, en los que la oposición tuvo la oportunidad de sentarse a negociar con el gobierno y abrir una perspectiva diferente para avanzar en un sistema más normal y democrático, y los desperdició en buena parte por su culpa. Uno fue después de que Chávez ganara el referéndum revocatorio de 2004, cuando estaba fortalecido pero se sometía a elecciones. La oposición, todavía muy influida por los partidos de la etapa anterior, salió con la locura de no presentarse a las legislativas de 2005. El otro momento fue luego de la primera elección de Maduro, en 2013, poco después de la muerte de Chávez. Maduro ganó por poquito, y Capriles no reconoció el resultado. El gobierno intentó abrir un diálogo, se empezó a trabajar en ese sentido. De hecho, después de las elecciones municipales que se hicieron en diciembre de ese mismo año hubo una reunión bastante buena de Maduro con los alcaldes opositores. Pero luego vinieron las legislativas de 2015, la oposición arrasó y, apenas llegaron a la Asamblea, bajaron los cuadros de Chávez y dijeron que el gobierno se iba en seis meses.

—Entonces, ¿cómo sería el porcentaje?

—Yo diría que el 70% es culpa del gobierno, y el 30%, de la oposición.

¿Por qué la oposición no llegó al poder...?

Frente a un chavismo que siempre contó con el tiempo a su favor, la oposición se jugó, una y otra vez, a un golpe súbito que pusiera fin al proceso bolivariano, por vía de una elección, un referéndum, una movilización, un pronunciamiento internacional o un quiebre militar. Casi cada año prometió que esa vez sí lograría desplazar al bloque bolivariano del poder, y siempre terminó fracasando: con el referéndum revocatorio de 2004, después de la derrota de Chávez en el referéndum constitucional de 2007, luego de la muerte de Chávez, cuando ganó las legislativas de 2015, cuando Guaidó se declaró "presidente", cuando organizó el operativo de "ayuda humanitaria", cuando pareció que se sublevaba una parte de la Fuerza Armada. Sin embargo, la publicitada caída del chavismo no se produjo, y lo que dejó en su lugar fue un escepticismo profundo: si la Constitución de 1999 implicaba el fin de la democracia, si la reelección de Chávez era el fin de la democracia, si la reelección indefinida era el fin de la democracia, si la elección de Maduro era el fin de la democracia, si la Constituyente de 2017 era el fin de la democracia, y todas esas cosas ocurrían, y en el siguiente hito electoral la misma oposición, con los mismos partidos y los mismos dirigentes, se presentaba a elecciones o se sentaba a conversar con el gobierno, entonces parece natural que un sector importante de la sociedad, por peor que lo estuviera pasando, dejara de confiar en ella, y optara por quedarse en su casa.

Parte III

El socialismo más loco del mundo.
Venezuela en la escena internacional

9

Del fantasma de una invasión a los nuevos aliados

Cúcuta, pequeña ciudad colombiana en la frontera con Venezuela, se había convertido, en los días previos al operativo de ingreso de "ayuda humanitaria" de febrero de 2019, en la capital mundial de la conspiración antichavista. Habían pasado menos de dos meses desde que Guaidó se había autoproclamado "presidente encargado", con el inmediato apoyo de Estados Unidos y varias decenas de países que lo "reconocían" como el jefe de Estado de su país. La oposición soñaba con una movilización popular o un quiebre militar que forzaran a Maduro, reelegido poco tiempo antes en comicios irregulares, a dejar el poder. Los hoteles, los bares y restaurantes y hasta las plazas de esta ciudad desangelada de frontera eran un hervidero de dirigentes opositores, amigos colombianos, militares disidentes de diversos rangos, empresarios y aventureros varios, todos ellos elaborando los mil y un planes y complots para lograr la caída del gobierno bolivariano.

Entre ellos estaba Jordan Goudreau, ex sargento del Ejército de Estados Unidos. Mandíbula cuadrada, pelo rapado, todo músculos,

Goudreau era un francotirador veterano de Afganistán e Irak, condecorado con tres estrellas de bronce, quien había fundado, tras su retiro del Ejército por razones nunca del todo aclaradas, la empresa Silvercorp USA, una compañía de seguridad privada que promocionaba en las redes la figura de su dueño con imágenes de potencia física y habilidad militar, corriendo por un descampado, disparando una ametralladora, volando en un jet privado y subiendo una escalera a grandes zancadas con el torso desnudo. Contratado para coordinar el operativo de seguridad de Venezuela Aid Live, el concierto celebrado el día previo al frustrado operativo humanitario, Goudreau interpretó el caos como una oportunidad y creyó que su gran momento por fin había llegado; el gobierno de Trump había prometido una recompensa de 15 millones de dólares para quien lograra capturar a Maduro. Se dispuso entonces a armar una operación militar y entró en contacto con Clíver Alcalá, ex general venezolano buscado por narcotráfico que vivía exiliado en Colombia, donde había creado un campo de entrenamiento que reclutaba mercenarios para una invasión, y con J. J. Rendón, consultor político de ultraderecha que vivía en Estados Unidos y formaba parte del "comité de estrategia" de Guaidó. El intrépido Goudreau firmó un contrato con Rendón para financiar un desembarco armado que, se suponía, sería el paso previo a una rebelión ciudadana que desplazaría a Maduro del poder e instalaría a Guaidó en su lugar. Los mercenarios entrenados por Alcalá en Colombia serían la vanguardia de esta revolución de hojalata.

El plan se torció aun antes de haber comenzado. Goudreau le exigió a Rendón el pago del anticipo de 1,5 millones de dólares comprometido —había recibido solo una seña de 200.000—, pero el consultor se negó hasta que le mostrara pruebas de que contaba con apoyo —hombres, armas, planes—, algo que no pudo hacer. La reunión, celebrada en la espectacular mansión de Rendón frente al mar en Miami, terminó en los peores términos. Pero además

Del fantasma de una invasión a los nuevos aliados

sucedió que, por esos mismos días, en Colombia, la policía interceptó un camión cargado de rifles de asalto pensando que eran de las FARC, y en realidad iban al campamento de mercenarios de Alcalá. Buscado por narcotráfico, Alcalá se entregó, pero antes difundió en sus redes un mensaje en el que afirmaba que las armas eran propiedad del pueblo venezolano "en el marco del acuerdo realizado por el presidente Juan Guaidó, J. J. Rendón y asesores estadounidenses" para organizar la invasión. Una agencia internacional de noticias difundió los planes en detalle. No hacía falta, el gobierno de Maduro estaba al tanto, probablemente por haber infiltrado a los conspiradores desde el comienzo.

Pese a todo, la operación —a la que Goudreau, que no carecía de ambiciones, denominó con el nombre bíblico de Gedeón— siguió en marcha. En la tarde del 1º de mayo de 2019 un bote con menos rifles que hombres —ocho contra once— zarpó de Colombia con destino a Macuto, en Venezuela. Lo seguía un segundo barco con 47 hombres a bordo —y solo dos rifles—. Pero resulta que, apenas partieron, uno de los motores del segundo barco se averió, lo que obligó a los invasores a esperar horas flotando a la deriva, en un mar agitado que les provocó mareos y los hizo vomitar. Varios llegaron nadando hasta la costa, y otros permanecieron a bordo. A esa altura el primer bote ya había sido interceptado por militares venezolanos, que conocían las coordenadas precisas del desembarco y mataron a seis mercenarios. El resto de los invasores, incluyendo a dos estadounidenses, fue capturado. Aprovechando la oportunidad, Maduro anunció por televisión que estaba librando una batalla para repeler una invasión extranjera, para la cual desplegó la estrategia de defensa "Escudo bolivariano", en la que participaron 25.000 hombres.

Una vez más, Venezuela aparecía como una versión desteñida de Cuba. Casi sesenta años antes, el 15 de abril de 1961, otro intento de invasión imperialista, en Bahía de Cochinos, fue repelido, en este caso por las tropas revolucionarias. Era muy otra cosa; la operación había sido planificada por la CIA con la aprobación directa del presidente Kennedy, estuvo precedida por bombardeos aéreos masivos sobre la isla y contaba con el respaldo de miles de exiliados cubanos de La Florida. En el caso de la Operación Gedeón, no hay evidencia de que el gobierno estadounidense haya participado activamente —lo que no quita que algún funcionario estuviera al tanto—, y mucho menos el presidente.

No fue el único intento de golpe contra Maduro. El 4 de agosto de 2018 el presidente encabezaba un acto por el 81º aniversario de la creación de la Guardia Nacional Bolivariana, su fuerza de seguridad favorita, con un desfile en la Avenida Bolívar. La escena había sido creada con esmero para las cámaras de la televisión oficial: regimientos prolijamente formados, divididos en cuadrantes perfectos, banderas con los colores nacionales alineadas a los costados y la plana mayor del oficialismo, incluyendo una docena de militares con sus uniformes y condecoraciones brillando al sol, parados en el palco. Maduro promediaba su discurso cuando, súbitamente alertado por un estruendo, se interrumpió y miró hacia arriba, entre asombrado e incrédulo, hasta que los guardaespaldas se lanzaron sobre él, lo cubrieron con chalecos antibalas y lo sacaron del lugar. Para no mostrar la escena, las cámaras desviaron la atención a los militares apostados en la calle, con la mala suerte de que justo en ese momento se escuchó una segunda explosión que los hizo romper filas y correr desaforados en un sálvese quien pueda decididamente poco castrense. Al menos tres drones cargados con explosivos habían intentado asesinar a Maduro en vivo y en directo.

Ambos episodios, y otros menores, revelan la desesperación de quienes están dispuestos a todo con tal de desplazar al chavismo del poder, pero también muestran las limitaciones de la estrategia insurreccional, que carece de apoyos internos y externos serios y

Del fantasma de una invasión a los nuevos aliados

termina fracasando. Más o menos explícitamente, parte de la oposición —y de la sociedad— soñó en diferentes momentos con una vanguardia iluminada que despertara una revuelta, con un ataque quirúrgico que acabara con la cúpula bolivariana e incluso con una invasión de infantería. La famosa frase de Trump: "Todas las opciones están sobre la mesa" fue reescrita, en su momento, por Guaidó: "Todas las opciones están sobre la mesa y bajo la mesa".

Sin embargo, la posibilidad de una invasión a gran escala liderada por Estados Unidos no pasó nunca del sueño de algunos dirigentes alucinados, y funciona más como muestra del pensamiento mágico venezolano que como una alternativa real. Frank Mora, ex subsecretario adjunto de Defensa para América Latina de Barack Obama, escribió en la revista *Foreign Affairs* un detallado artículo analizando las implicancias de semejante aventura.[1] Calculó que requeriría unos 150.000 hombres como mínimo, es decir, más de cinco veces los que destinó Washington a la última invasión de un país latinoamericano, Panamá en 1989.

Por supuesto que, bien organizada, una invasión de estas características probablemente logre derrotar a la Fuerza Armada Nacional Bolivariana, que carece de experiencia bélica y se encuentra mal pertrechada y desprofesionalizada; si la Guardia Nacional se desbandó delante del mismísimo presidente apenas escuchó un estallido, ¿cómo reaccionaría ante una invasión? El problema empezaría después. El chavismo no es un gobierno fantasma, sino una fuerza política que controla todos los resortes del Estado y conserva un minoritario pero significativo apoyo social, militantes que, junto con parte de los militares, en su mayoría formados durante la etapa bolivariana, podrían iniciar una interminable guerra

---

1. https://www.foreignaffairs.com/articles/venezuela/2019-03-19/what-military-intervention-venezuela-would-look

de guerrillas, con apoyo más o menos explícito de Cuba y Rusia y en alianza con los frentes insurgentes colombianos que no se acogieron a los acuerdos de paz. Como demuestra la experiencia reciente, la desestabilización que produce una invasión exigiría que las tropas extranjeras permanecieran en el país durante varios años. Las dos últimas invasiones de Estados Unidos, la de Afganistán en 2001 y la de Irak en 2003, crearon un pantano político-militar que obligó mantener la presencia norteamericana durante dos décadas.

En principio, la segunda opción, un bombardeo de precisión, parece más simple. Para destruir mediante ataques aéreos la infraestructura militar y económica venezolana sería necesario contar con una base desde la cual pudieran despegar los aviones. De acuerdo con el artículo de Frank Mora, lo más factible sería estacionar un portaviones frente a las costas venezolanas o recurrir a un país aliado para asegurar una zona de exclusión aérea. A primera vista una alternativa más rápida y barata, la opción puede derivar también en un escenario imprevisible; los bombardeos de la OTAN sobre Libia en 2011, por ejemplo, lograron la caída del régimen y el posterior asesinato de Gadafi, pero recién después de siete meses y al costo de una guerra civil que se extiende hasta hoy. ¿Qué ocurriría con Maduro y la cúpula chavista? El gobierno venezolano se viene preparando para enfrentar este riesgo desde hace años, y el presidente cuenta con un dispositivo de seguridad importante, en el que participan agentes cubanos con una larga experiencia en la prevención de atentados. No es Noriega, quien luego de la invasión estadounidense se refugió en la Nunciatura hasta que, carente de apoyo internacional y harto del *heavy metal* con el que lo aturdieron durante tres días seguidos, decidió entregarse.

Sucede que, contra lo que a veces podría pensarse simplemente leyendo la prensa internacional, el gobierno venezolano no estuvo totalmente solo, ni siquiera en sus épocas de mayor aislamiento, y hoy cuenta con un abanico de aliados regionales y globales relevantes que le proveen asistencia financiera, le brindan tecnología, compran su petróleo y lo ayudan a sortear las sanciones. Sin ellos, difícilmente hubiera logrado permanecer en el poder.

Todos los socios de Venezuela

Comencemos por Rusia, junto con Cuba, el aliado más importante de Venezuela en esta etapa. Aunque ambos países mantienen relaciones desde hace un siglo, el vínculo comenzó a afianzarse con la llegada al gobierno de Chávez, que visitó Moscú casi cada año durante su década y media de presidencia, y se profundizó con Maduro. La relación es un oleoducto: Rosneft, la gran empresa petrolera rusa, es el eje de un acuerdo económico por el cual Rusia le prestó a Venezuela, desde 2006, unos 20.000 millones de dólares,[2] además de una cantidad difícil de estimar —las operaciones son opacas— en diversos proyectos de desarrollo hidrocarburífero. Rusia también ayudó a Venezuela a burlar las sanciones, mediante la triangulación de petróleo a través de algunas de sus empresas, la mezcla de crudo venezolano con aditivos —una práctica conocida como "dopaje"— y las transferencias barco a barco en aguas internacionales. A cambio, Venezuela cedió parte de la propiedad de varios campos de crudo: Petromonagas, Petromiranda, Petroperijá, Boquerón, Petrovictoria y Junín 6. Y, como garantía de los préstamos, ofreció a Rusia acciones de su activo externo más valioso, Citgo, una fabulosa red de refinerías y estaciones de servicio desplegadas en Estados Unidos. La importancia de la relación es tal que al día siguiente de que Guaidó se

---

2. https://cruzdelsurce.org/wp-content/uploads/2019/03/11.pdf

autoproclamara "presidente encargado", las acciones de Rosneft cayeron el 3,4%.

Por otro lado, Rusia se ha convertido en el principal proveedor militar de Venezuela. El rearme incluyó 20 Su-30Mk2, de los pocos aviones capaces de competir con los cazas norteamericanos; varias unidades S-300, sistema móvil de defensa antiaéreo, y la estratégica decisión de adoptar el Kalashnikov, la mítica arma de asalto rusa, como fusil reglamentario de la Fuerza Armada Nacional Bolivariana. Incluso se acordó construir una fábrica en la ciudad de Maracay, que por supuesto se encuentra inconclusa.

La alianza con Venezuela le permite a Rusia aprovechar sus probadas capacidades científico-tecnológicas en materia de hidrocarburos y contar con un aliado de peso a la hora de promover sus intereses en la OPEP, de la que no forma parte. Además, Venezuela —por el lugar geopolítico que ocupa y porque tiene un peso más importante que Cuba, su socio histórico en la región— es una carta fundamental en su disputa cada vez más abierta con Estados Unidos y en su estrategia de diversificación de alianzas tras el aislamiento internacional al que fue condenada como consecuencia de la guerra en Ucrania. De hecho, Venezuela es uno de los pocos países —junto con Nicaragua, Siria, Tuvalu y Nauru— que reconocen la independencia de Abjasia y Osetia del Sur, y uno de los tres países latinoamericanos, junto con Cuba y Nicaragua, que se abstuvo de votar la resolución de condena en la ONU luego de la invasión a Ucrania (aunque sin llegar a votar en contra, como Corea del Norte o Bielorrusia).

El otro aliado importante es China. Si el apoyo ruso es abierto y provocador, el chino es más sutil, acorde con la intención de Beijing de ser percibido como un actor responsable en la escena internacional. Las relaciones se intensificaron desde la asunción de Chávez y el despliegue de un discurso antiimperialista favorable a la multipolaridad; por aquellos años, una "simpatía estratégica" unía

Del fantasma de una invasión a los nuevos aliados

a ambos países. Con el paso del tiempo, China fue percibiendo a Venezuela como un aliado importante en una región tradicionalmente dominada por Estados Unidos y como una fuente fundamental de materias primas —y, en menor medida, un mercado para sus manufacturas—. Fue así como ambos países desarrollaron una serie de proyectos conjuntos y acordaron 17 préstamos hasta alcanzar una suma de 67.000 millones de dólares —Venezuela llegó a representar el 40% del total de la deuda de América Latina con China—.[3] Sin embargo, con la crisis económica la relación comenzó a enfriarse. La caída de la producción de PDVSA dificultó la devolución de los préstamos y llevó al gobierno de Maduro a solicitar sucesivas prórrogas. China las concedió, pero fue reduciendo su exposición al riesgo venezolano, hasta que en 2016 otorgó el último préstamo. A pesar de ello, el vínculo sigue siendo estratégico, como demuestra el hecho de que Venezuela fue uno de los primeros países latinoamericanos en recibir la vacuna de Sinopharm (2 millones de dosis) y como confirma el viaje de Maduro a China en septiembre de 2023.

Además de las dos grandes potencias, el gobierno ha sido astuto a la hora de profundizar sus vínculos con potencias intermedias. La más importante es Irán, país con el que Chávez trabó una relación estrecha pero más bien simbólica; la amistad con el entonces presidente Mahmoud Ahmadinejad proyectaba la idea de una alianza antiimperialista inspirada en la Revolución Islámica de 1979 y apuntaba a coordinar posiciones en la OPEP, algo que no siempre se lograba. El vínculo adquirió otro nivel cuando, estrangulado por las sanciones y la caída de la producción petrolera, Venezuela acudió a Irán para que le enviara… petróleo. Los acuerdos entre PDVSA y la empresa estatal iraní NIOC

---

3. https://www.bbc.com/mundo/noticias-america-latina-47221713

establecieron un intercambio de condensado iraní por crudo pesado venezolano, lo que permitió abastecer las refinerías y garantizar un mínimo de gasolina, sobre todo en Caracas, en los momentos de mayor escasez. Pero la relación tiene varias dimensiones. En julio de 2023 una delegación iraní, encabezada por el presidente Ebrahim Raisi, llegó a Caracas para una vista de Estado. Entre los visitantes estaba la primera dama, Jamileh Alamolhoda, y resultó impactante verla descender por la escalerita del avión bajo el sol inclemente del Caribe vestida con el tradicional chador, el velo negro de cuerpo entero, para participar en una reunión sobre el rol de la mujer en el mundo.

Romper el aislamiento

La fase más difícil de aislamiento internacional se extendió entre 2017 y 2022. Cuatro o cinco años en los que una serie de cambios políticos se fueron sumando hasta dejar al gobierno de Maduro cada vez más solo; la llegada de Trump a la Casa Blanca, el endurecimiento de las sanciones y el "reconocimiento" de Guaidó por varias decenas de gobiernos se sumaron al cambio de signo político en América Latina, el fin de la ola progresista y el ascenso de líderes de derecha: Lenín Moreno en Ecuador, Jair Bolsonaro en Brasil, Mauricio Macri en la Argentina y Sebastián Piñera en Chile. Junto con Iván Duque y Jeanine Áñez, los presidentes de esta "nueva derecha" crearon el Grupo de Lima, que condenó la ruptura del orden institucional en Venezuela y planteó la necesidad de recuperar la democracia en el país —el hecho de que uno de los gobiernos que lo integraron, el de Bolivia, haya surgido de un golpe de Estado no deja de resultar paradójico—. Por esos mismos años, Venezuela fue suspendida del Mercosur, y el ALBA sufrió las deserciones de Honduras y Ecuador.

Del fantasma de una invasión a los nuevos aliados

El gobierno pudo capear esta tormenta gracias a las empresas rusas que lo ayudaron a evadir las sanciones, el suministro de petróleo iraní y la relación histórica con sus dos aliados latinoamericanos, Nicaragua, que no tiene mucho para ofrecer pero brinda apoyo diplomático, y Cuba, que le provee médicos, algunos servicios profesionales y, sobre todo, a sus muy curtidos cuerpos de seguridad e inteligencia. El entramado de las relaciones con los diferentes socios es vasto. China, además de créditos e inversiones, le vendió a Venezuela la tecnología de inteligencia artificial del Sistema Patria, la gigantesca base de datos que el gobierno utiliza para administrar la ayuda social, los bonos y los subsidios. Y también está Turquía, una relación tan decisiva como nueva y que, a diferencia de las anteriores, fue una idea de Maduro, que respaldó a Recep Tayyip Erdoğan durante el intento de golpe de Estado de 2016 y obtuvo a cambio una fuente clave de alimentos; en 2020 las importaciones turcas llegaron a cubrir el 70% de los productos de los CLAP, que Venezuela pagaba con oro para procesar en la refinería turca de Corum.[4]

Hoy, superada la etapa de desierto diplomático, la posición de Venezuela es mucho más descansada. En el próximo capítulo nos ocupamos del tema, pero por ahora digamos que el regreso al poder de fuerzas de izquierda en Bolivia, Brasil y Argentina, la distención con Colombia a partir del triunfo de Gustavo Petro y el apoyo de Andrés Manuel López Obrador desde México le permitieron al gobierno bolivariano recuperar aire internacional. Maduro asistió a la reunión de la Comunidad de Estados Latinoamericanos y Caribeños (Celac) de 2021 en México, participó en la ceremonia de asunción de Lula en Brasil y luego en la Cumbre del Clima en Egipto, donde saludó en un pasillo a Emmanuel

---

4. https://www.perpetuamente.com/p/la-gira-internacional-de-nicolas

Macron —que lo llamó "presidente"— e incluso al enviado especial de Joe Biden para el clima, John Kerry —no sabemos cómo lo llamó, pero sí que Washington aclaró al día siguiente que había sido un encuentro casual—. En marzo de 2023, Petro se convirtió en el primer presidente de Colombia que visitaba Caracas en seis años, y el gobierno de España nombró a un nuevo embajador en Venezuela, cargo que estaba vacante desde 2020.

El paso definitivo lo dio Estados Unidos. Urgido por la necesidad de recuperar fuentes de abastecimiento ante las tensiones generadas por la guerra de Ucrania y presionado por las empresas petroleras cuyas operaciones habían quedado suspendidas por las sanciones y corrían el riesgo de ser reemplazadas por compañías chinas y rusas, Washington finalmente reabrió el diálogo con Venezuela; el gobierno de Biden envió una delegación de alto nivel a Caracas para negociar la liberación de cinco ejecutivos estadounidenses presos y entregó a cambio a dos sobrinos de la primera dama venezolana, Cilia Flores, que estaban detenidos en Estados Unidos acusados de narcotráfico; en junio de 2023 el asesor de Biden para América Latina, Juan González, se reunió en secreto en Qatar con el presidente de la Asamblea Nacional, Jorge Rodríguez. Como resultado de estas gestiones, Estados Unidos aceptó una flexibilización parcial de las sanciones que le permitió a Chevron ampliar su presencia en Venezuela. Más tarde, el gobierno y la oposición firmaron en Barbados un documento que fue saludado por Washington y que permitió abrir una nueva línea de conversaciones con vistas a las elecciones del 28 de julio, aunque luego el chavismo revirtió parte de las concesiones que había acordado.

Recapitulemos. La posibilidad de un ataque extranjero siempre fue lejana y, probablemente, ni los Estados Unidos trumpistas ni la Colombia uribista, los dos países que podrían haberse arriesgado a esta aventura, la consideraron en serio. Sin embargo, durante varios años un sector de la oposición y de la sociedad soñaron con

Del fantasma de una invasión a los nuevos aliados

la idea, una muestra de la desesperación y del desconcierto que el "tema de Venezuela" genera tanto en la oposición interna como en el mundo. Desde mucho antes de la llegada de Chávez al poder, prácticamente desde el inicio de la explotación petrolera, Venezuela es un actor internacional relevante y, junto con México, la potencia latinoamericana más influyente en el Caribe. Recuperando y a la vez reescribiendo esta tradición, Maduro —recordemos que había sido canciller antes de ser elegido presidente— profundizó el giro "no occidental" de la política exterior. Como los beneficios que obtiene Venezuela son obvios, muchas veces se tiende a subestimar la importancia que tiene, para países como China, Rusia o Irán, contar con un socio importante ubicado en pleno patio trasero norteamericano. Así, incluso desde su condición periférica y decadente, el gobierno terminó de inscribirse en la alianza informal de "potencias revisionistas" y pudo desarrollar una estrategia exterior que resultó clave para evitar el bloqueo diplomático y conservar el poder.

10

Ayer un faro ideológico, hoy un pesado adoquín simbólico. Venezuela para la izquierda latinoamericana

El origen de la izquierda latinoamericana se remonta a la Revolución Rusa de 1917. Como en otros lugares del mundo, la izquierda regional, hasta ese momento limitada a los planteos de pequeños círculos de intelectuales y artistas, adquirió un impulso formidable cuando los bolcheviques derrotaron a las tropas zaristas y tomaron el poder. La Revolución de Octubre no solo originó un movimiento revolucionario que con altas y bajas se mantendría vigente durante siete décadas, sino que también fue el germen de otros sucesos en apariencia menos conectados directamente, pero decisivos para la emergencia de una izquierda regional, como la Constitución Mexicana de 1917, la Reforma Universitaria argentina de 1918 o la Columna Prestes que se levantó en Brasil en 1925. La producción intelectual y, por supuesto, el arte —del romanticismo de Alejo Carpentier al realismo social de Jorge Amado— quedaron envueltos en el clima revolucionario de la primera mitad del siglo XX.

Sin embargo, en términos de política concreta —de lucha y conquista del poder—, la primera ola de la izquierda latinoamericana se demoró hasta la década de 1960. Sin entrar en discusiones acerca del carácter izquierdista o no de los populismos del siglo XX, de los Perón, los Cárdenas o los Vargas, se puede afirmar que recién con el triunfo de otra revolución, en este caso estrictamente latinoamericana, la Revolución cubana de 1959, la izquierda regional adquiriría impulso ascendente y fama universal. "La Revolución cubana —resumió Eric Hobsbawm— lo tenía todo. Espíritu romántico, heroísmo en las montañas, antiguos líderes estudiantiles con la desinteresada generosidad de su juventud —el más viejo apenas pasaba de los 30 años— y un pueblo jubiloso en un paraíso turístico tropical que latía a ritmo de rumba".[1]

Con Cuba como inspiración y meca, los ensayos revolucionarios se multiplicaron por América Latina. Aunque es cierto que el foquismo teorizado por el Che Guevara fracasó en todos los lugares en los que se intentó, también es verdad que la ola revolucionaria cubriría prácticamente toda la región, con movimientos más extendidos en aquellos países de población rural, donde el componente agrario de la insurgencia prevalecía sobre el urbano. Las guerrillas urbanas, se sabe, son más fáciles de organizar, porque el anonimato de la ciudad no exige contar con el apoyo de la población local —alcanza con organización y recursos— y permite también golpes espectaculares de propaganda, pero a menudo, y por estos mismos motivos, mueren pronto, como sucedió con el tímido movimiento izquierdista venezolano y con los más ambiciosos, pero también fracasados, intentos guerrilleros de los países del Cono Sur. Las guerrillas de base rural suelen ser más duraderas y efectivas —incluso si, como ocurre muchas veces, su conducción

---

1. Eric Hobsbawm, *Historia del siglo XX*, Barcelona, Crítica, 2011.

queda a cargo de jóvenes urbanos de clase media—, tal como muestran las experiencias de Colombia y de Centroamérica.

La discusión política de las décadas de 1960 y 1970 se organizaba en torno de la tensión revolución-reforma, entre quienes impulsaban un cambio radical por la vía armada y aquellos que defendían caminos graduales y electorales que contemplaban compromisos con las fuerzas burguesas y los populismos. La paradoja es que la referencia de este primer gran impulso de la izquierda latinoamericana fue —como dijimos— Cuba, pero su modelo de toma del poder no fue replicado con éxito por ningún otro movimiento de la región —el sandinismo nicaragüense, aunque siguió el sendero insurreccional, era muy diferente del cubano: un amplio frente policlasista que incluía a un sector católico y una importante facción burguesa—. En realidad, la otra experiencia claramente identificada con la izquierda que llegó al poder en aquellos años lo hizo por una vía completamente distinta de la señalada por Fidel Castro y el Che Guevara: el socialismo democrático de Salvador Allende.

Al final, quien terminó de resolver la discusión revolución-reforma —el debate castrismo-allendismo— fue Augusto Pinochet. Designado por Allende al frente del Ejército con la confianza de que se mantendría leal al orden constitucional, el 11 de septiembre de 1973, Pinochet ordenó a sus tropas avanzar sobre el centro de Santiago y dio instrucciones a la aviación para que bombardeara La Moneda, consumando el golpe más significativo de la época y el que en buena medida serviría como inspiración para todos los demás. El hecho de que Allende, después de horas de resistir combatiendo junto con un puñado de leales, terminara suicidándose con un AK-47 que le había regalado justamente Fidel encerró la última paradoja de esta primera ola de la izquierda latinoamericana: el fusil del revolucionario acabando con la vida del último reformista.

La segunda ola: Chávez tenía razón

Si la primera ola comenzó en Cuba, la segunda se inició en Venezuela, con el triunfo de Chávez en 1998. Cuando finalmente ganó las elecciones, luego del largo periplo que fue del intento de golpe de Estado en 1992 a la cárcel, de la amnistía a la prédica abstencionista y de ahí a la campaña electoral, Chávez estaba lejos de ser el líder radical en el que se convertiría después. Pocos lo recuerdan hoy, pero su primera decisión económica fue ratificar en el cargo a la ministra de Economía... del gobierno anterior. Todavía coqueteaba con la tercera vía de Tony Blair y Bill Clinton y ni se le ocurría soñar con un programa socialista. Para Chávez, más relevante que la claridad político-ideológica era la certeza de la toma del poder.

Un debate silencioso lo enfrentó con su gran contrincante ideológico en los primeros años, el subcomandante Marcos. Si la discusión de los años sesenta y setenta giraba en torno de la disyuntiva revolución-reforma, el debate en los comienzos del siglo XXI pasaba por la vía más efectiva para llegar al gobierno. Marcos había irrumpido en la escena mundial el 1° de enero de 1994, dos años después del intento de golpe de Estado de Chávez de 1992, justo cuando entraba en vigor el Tratado de Libre Comercio de América del Norte (NAFTA), la gran apuesta de México en su camino de conversión definitiva al neoliberalismo. Precisamente ese día el Ejército Zapatista de Liberación Nacional (EZLN) tomó siete cabeceras municipales en Chiapas y emitió su famosa Declaración de la Selva Lacandona, en la que le declaraba la guerra al Estado mexicano. Con su hablar suave de profesor universitario, su pasamontañas negro y sus auriculares descansando en el cuello, el subcomandante —"porque el comandante es el pueblo"— supo combinar reclamos indígenas centenarios con estudiados gestos simbólicos y un talento literario capaz de articular en un solo discurso fábulas campesinas, imágenes que remitían a un primitivismo idealizado y sutiles ironías contra la sociedad de consumo, la represión estatal y el capitalismo.

Al calor del zapatismo fueron surgiendo iniciativas como ATTAC, que proponía un impuesto global a las transacciones financieras; el Foro Social Mundial, un encuentro de partidos políticos y movimientos sociales creado en espejo con el Foro de Davos, y un conjunto de nuevos planteos teóricos entre los que sobresalían los libros de Michael Hardt y Antonio Negri y los *bestsellers* globalifóbicos de Naomi Klein —nótese que muchas de estas reacciones se originaron en países del primer mundo, igual que la banda de sonido de aquellos años, la insufrible demagogia del artista francoespañol Manu Chao—. El problema era que el zapatismo no ofrecía un camino a recorrer, mucho menos un programa, y funcionaba apenas como una vanguardia cultural inorgánica y un poco confusa que encubría su ausencia absoluta de objetivos con las frases de Marcos, de una resonancia romántica conmovedora pero totalmente inútiles. Por ejemplo: "Marcos es gay en San Francisco, negro en Sudáfrica, asiático en Europa, anarquista en España, palestino en Israel, indígena en las calles de San Cristóbal, judío en Alemania, comunista en la pos Guerra Fría, preso en Cintalapa, pacifista en Bosnia".

Frente a los devaneos zapatistas acerca de "tomar el poder sin tomar el poder", construir un "mundo nuevo desde abajo" o luchar por una "globalización alternativa", Chávez fue directo a las cosas. Intentó un golpe de Estado, fracasó, terminó en la cárcel, lo liberaron, amagó con el abstencionismo electoral, se dio cuenta de que no conducía a ningún lado, creó un partido político, tuvo la ocurrencia de prometer una reforma constitucional y finalmente ganó las elecciones. Aunque su programa original no era menos borroso que el de Marcos —una suerte de socialdemocracia mezclada con un nacionalismo inespecífico—, la diferencia pasaba por el orden de prelación: llegar al gobierno primero, transformar después.

Tenía razón. La estrategia de Chávez abrió un camino para que aquellos líderes y movimientos que dudaban entre la acción directa y las elecciones, como el MAS de Evo Morales, se decidieran por estas últimas, marcando el inicio del ciclo progresista latinoamericano. La segunda ola de la izquierda —la que inauguró Chávez y continuó con Lula, Evo, los Kirchner, Correa— brilló durante largos años gracias a su capacidad para combinar crecimiento económico, inclusión social y gobernabilidad política. En *La nueva izquierda*,[2] el primer libro que consideró parte de una misma familia a esta nueva camada de presidentes, escribí que las condiciones geopolíticas que hicieron posible este giro habían sido creadas por la caída del Muro de Berlín y la desaparición del bloque soviético. Aunque en una primera mirada puede parecer paradójico, el derrumbe de la URSS —la desaparición de Moscú como nueva Roma— canceló la posibilidad de que las izquierdas latinoamericanas adscribieran al bloque socialista y les otorgó una libertad antes impensada. Con Estados Unidos concentrado en el nuevo enemigo —el terrorismo había reemplazado al comunismo a partir de los atentados del 11 de septiembre de 2001— y enfocado en Oriente Medio, los países de América Latina, y en particular los de América del Sur, pudieron elegir a líderes y fuerzas de izquierda que en otra época hubieran sido bloqueados por Washington mediante operaciones desestabilizadoras de la CIA o golpes de Estado. Privados de un programa comunista más o menos cerrado, los gobiernos de la segunda ola ensayaron diferentes estrategias para superar el desastre neoliberal: nacionalizaciones, nuevas constituciones, diversos grados de reformismo y —en todos

---

2. José Natanson, *La nueva izquierda*, Buenos Aires, Debate, 2008.

Ayer un faro ideológico, hoy un pesado adoquín simbólico

los casos, salvo Venezuela y en menor medida la Argentina— una sorprendente prudencia macroeconómica. Por esta flexibilidad —y porque los precios de los *commodities* volaban—, la región vivió la etapa socioeconómica más dichosa del último medio siglo.

Mientras, el zapatismo se iba deshilachando en una serie de iniciativas que despertaban un enorme entusiasmo inicial, pero que no generaban ningún resultado político concreto y al final terminaban en una desilusión desmoralizante, al tiempo que establecía una relación de absurda competencia con la izquierda real mexicana de López Obrador. De hecho, el zapatismo defendió una línea de boicot a las elecciones de 2006, en las que AMLO perdió por menos de un punto contra el candidato de derecha. El final es paradójico. En febrero de 2016, ya en la etapa última de este largo extravío estratégico, se conoció la noticia de que la Justicia había sobreseído a Marcos por sus intentos insurreccionales. Al subcomandante terminó pasándole lo peor que puede pasarle a un líder guerrillero: volverse inofensivo.

Venezuela en la tercera ola de la izquierda

Hacia la segunda década del siglo XXI, diez o quince años después del comienzo de la segunda ola, casi todos los presidentes de izquierda habían sido desplazados del poder por vía electoral (Argentina, Uruguay, Chile), autoritaria (Bolivia) o bajo las condiciones de una democracia restringida (Brasil). Hubo también casos paradójicos, como la "traición" de Lenín Moreno a su mentor, y otros más clásicos, como el juicio político contra Fernando Lugo que repuso la sempiterna hegemonía del Partido Colorado. En todo caso, a la oleada progresista le siguió un período de pasiones tristes protagonizado por una derecha que no logró afirmarse en el poder ni marcar una época. A diferencia del neoliberalismo de los años noventa, un ciclo de reformismo profundo que en su momento de auge había acumulado un enorme apoyo popular, los gobiernos de Mauricio Macri, Sebastián Piñera, Jair Bolsonaro, Lenín Moreno y Jeanine Áñez no lograron proyectar una hegemonía y terminaron derrotados.

En este marco se produjo el ascenso de una tercera ola de la izquierda, que abarca a los países que habían quedado fuera de la segunda ola (México con López Obrador, Colombia con Petro, Honduras con Xiomara Castro, Perú con Pedro Castillo) y a aquellos en los que el progresismo regresó al poder (la Argentina con Alberto Fernández, Bolivia con Luis Arce, Brasil con Lula, Chile con Gabriel Boric).

En esta nueva ola de la izquierda latinoamericana, la tercera de una historia a esta altura centenaria, Venezuela ocupa un lugar singular, que confirma una vez más que estamos ante una excepción verdadera. Con pleno derecho a ubicarse en la segunda ola —Chávez fue de hecho el padre de este grupo—, resulta difícil situarla hoy al mismo nivel que el resto de los países latinoamericanos. Los motivos no son misteriosos —y son los que analicé en la segunda parte de este libro—; en algún momento entre 2015 y 2017, cuando muchos países de la región giraban a la derecha, Venezuela dejaba de ser una democracia. Y, por supuesto —prefiero insistir con el argumento antes de que llegue la crítica—, otros países vivieron momentos de polarización extrema, tensiones democráticas e incluso rupturas institucionales; Dilma Rousseff fue removida de la presidencia mediante un juicio político sin causa fundada y Bolsonaro obtuvo su victoria con Lula encarcelado; Bolivia sufrió un golpe de Estado a la antigua, y Pedro Castillo fue cesado por el Congreso tras intentar un confuso autogolpe. Pero en todos estos casos el hilo democrático logró reconstruirse, y en Venezuela no.

Lo cual nos lleva al argumento final. Venezuela se ha convertido en el espantapájaros de la política latinoamericana, el caso

Ayer un faro ideológico, hoy un pesado adoquín simbólico

que para la derecha resume "aquello de lo que la izquierda es capaz", a tal punto que la amenaza de "venezuelización" es uno de los argumentos favoritos de cualquier campaña electoral que se precie de tal, más eficaz incluso que el fantasma histórico de la "cubanización". (Sucede que Cuba, con todos los enormes problemas de la Revolución, al menos tiene algunos logros bastante concretos que mostrar, como la erradicación del analfabetismo, un sistema científico-tecnológico de una calidad inusual para un país de ese tamaño y una salud pública desvencijada pero en pie; ni recurriendo a su demagogia más rústica Michael Moore podría usar a Venezuela como contraejemplo del desastroso sistema de salud estadounidense, como hizo con Cuba en *Sicko*).

Sin embargo, el motor más fuerte de la impugnación antichavista no es la propaganda de la derecha internacional, sino las voces —individuales y desesperadas— de los migrantes, millones de personas asentadas en todos los países de América Latina, España y Estados Unidos, que han ido construyendo desde abajo, como un ejército de antiembajadores espontáneos, una mirada muy negativa sobre el proceso bolivariano.

No necesariamente debería ser así. Los bolivianos que viven en la Argentina, por ejemplo, suelen apoyar a Evo Morales, como demuestran las sistemáticas victorias del MAS en el voto en el exterior, lo que se explica por el hecho de que la boliviana es una migración antigua y permanente de un país que siempre fue muy pobre, y que a nadie se le ocurre atribuir a la mala gestión de la izquierda. Históricamente, en cambio, Venezuela fue un país receptor, no emisor, de migrantes, sobre todo de colombianos, que durante décadas llegaban de a miles huyendo de la guerrilla y los paramilitares. En 2008, en los años dorados del chavismo, llegó a haber casi un millón de colombianos viviendo en Venezuela, el mejor argumento contra quienes en aquel momento cuestionaban el proceso bolivariano y defendían los supuestos éxitos del modelo neoliberal colombiano.

Pero la situación se ha invertido, y el argumento resulta ahora, cuando son los venezolanos los que se mudan a Colombia, tan incontrastable como entonces. Según muestran los estudios cualitativos, la mayoría guarda el recuerdo de Venezuela como un país próspero y agradable que, casi de un día para el otro, se desmoronó; un paraíso convertido en un lugar de hambre y miedo.[3] Un conductor de Uber venezolano recién llegado a Buenos Aires me cuenta, por ejemplo, que vivía cómodo en la Isla de Margarita —"la Perla del Caribe", me aclara— de su trabajo como mecánico de maquinaria pesada, tenía una casa grande, un jardín con árboles de palta y mango y una higuera, comía pescado fresco todos los días y por las tardes paseaba por la playa. Un mes de vacaciones en verano, excursiones de pesca y la hija en una buena escuela pública, hasta que la crisis y la pandemia destruyeron la industria del turismo —Margarita pasó de 3,5 millones de visitantes anuales en 2012 a unos 600.000 en la actualidad—, y el hombre tuvo que emigrar con su familia a Buenos Aires, donde apenas logra alquilar un departamento con una habitación.

Sin embargo, a pesar de la evidencia, Venezuela divide a la izquierda latinoamericana. Mientras que algunos de los "viejos líderes", como Evo Morales y Rafael Correa, siguen negándose a reconocer el autoritarismo bolivariano, los nuevos gobiernos progresistas asumen posiciones distintas, más críticas o al menos más matizadas. Alberto Fernández votó en la ONU a favor de la condena a Venezuela por la situación de los derechos humanos; Pepe Mujica habló de "dictadura" —Maduro lo calificó de "estúpido"—,[4] y Gabriel Boric, el más lúcido de todos, dijo:

---

3. http://www.50argentinos.com/upload/informe7.pdf

4. https://www.elperiodico.com/es/internacional/20190729/mujica-afirma-venezuela-dictadura-7574304

"Realmente me molesta cuando eres de izquierda y entonces condenas la violación de los derechos humanos en Yemen o en El Salvador, pero no puedes hablar de Venezuela. No importa si eres de la extrema derecha o extrema izquierda. Son mandatos civilizatorios. El respeto de los derechos humanos no puede tener un doble estándar".

Algo parecido sucede con los intelectuales. Están los que registran lo que realmente pasa y están aquellos que, inmunes a cualquier evidencia, siguen esquivando la crítica. Entre estos últimos prima lo que los franceses definen como "campismo",[5] la sobredeterminación de la variable geopolítica por encima de cualquier otra consideración, lo que los lleva a un antiimperialismo hueco que termina abrazando sin mayores cuestionamientos a cualquier gobierno que se declare adversario de Estados Unidos, sea el de Muamar Gadafi, Daniel Ortega o Al-Assad.

Bajo este manto de neblina, el autoritarismo, el militarismo y la violencia institucional, todas cosas que formarían parte de una crítica de izquierda, se soslayan o justifican, mientras que nuevas reivindicaciones —de género, ambientales, multiculturales— son directamente dejadas de lado. En efecto, a diferencia de los gobiernos progresistas de la Argentina, Uruguay, Brasil o Chile —e incluso Cuba, que viene revisando su histórica homofobia—, el régimen venezolano ha avanzado poco en materia de reconocimiento de las disidencias sexuales y la igualdad de género. La cuestión ambiental, que la izquierda más moderna ha incorporado en su renovada agenda de cambio, tampoco forma parte de sus prioridades. En 2014, acorralado por las urgencias financieras, el gobierno impulsó la Ley de Regionalización Integral para el

---

5. https://www.eldiplo.org/notas-web/la-lulizacion-de-la-izquierda-latinoamericana/

Desarrollo Socioproductivo de la Patria, un instrumento para crear "zonas económicas especiales" en las que las regulaciones ambientales se atenúan para fomentar la inversión privada y la rentabilidad de las empresas, casi siempre extranjeras.

Un ejemplo paradigmático de esta manera de ver las cosas es el artículo del politólogo argentino Atilio Borón, publicado el 23 de mayo de 2017, en medio de las protestas opositoras y la represión desatada después de la anulación de facto de la Asamblea Nacional votada en 2015 y de la convocatoria a la Asamblea Constituyente.[6] Ya se habían contado decenas de muertos, casi todos en manos de las fuerzas de seguridad, cuando Borón escribió:

> El patriótico y democrático llamado del presidente Nicolás Maduro a una Constituyente solo sirvió para atizar la violencia y el salvajismo de la contrarrevolución [...]. Ante ello, la única actitud sensata y racional que le resta al gobierno es proceder a la enérgica defensa del orden institucional vigente y movilizar sin dilaciones al conjunto de sus fuerzas armadas para aplastar la contrarrevolución y restaurar la normalidad de la vida social [...]. Si una fuerza social declara una guerra contra el gobierno, se requiere de este una respuesta militar. El tiempo de las palabras ya se agotó y sus resultados están a la vista.

---

6. https://atilioboron.com.ar/venezuela-y-la-guerra-civi/

11

Cuando el socialismo se convierte en una mueca

Un miércoles a las once de la mañana en la estación de metro de Petare, una de las más concurridas de un sistema que transporta casi a un millón de personas por día, la fila para la única taquilla que permite cargar dinero en la tarjeta para viajar se enrosca a lo largo del subsuelo, que es amplio y está limpio y ventilado.

—Una hora, más o menos —me dice una señora con ojo de experta y un manojo de bolsas de la compra—. Mira el ritmo que tiene. Si trabajara en un supermercado, la botarían al otro día —agrega señalando a la cajera.

—¿Es la única forma de cargar?

—Sí. Antes no había ni que pagar, porque se acabó el papel con el que hacían los boletos y entonces liberaron los torniquetes, pero después se inventaron esto de la tarjeta. Siempre es así, nos hacen perder tiempo, y no es que no haya personal —dice y apunta con el dedo a los trabajadores del Metro de Caracas, de camisa celeste y pantalón azul, que charlan al costado de la caseta de cobro o pasan desganadamente un escobillón gigante por el piso.

Observo a un señor ubicado detrás de uno de los molinetes, de jeans y gorrita, que deja pasar a la gente con un gesto, sin marcar la tarjeta. Le pregunto a la señora y me explica que es el encargado de administrar las excepciones. Por una buena decisión del chavismo, los jubilados, los discapacitados y el personal autorizado —policías, por ejemplo— viajan gratis, pero el mecanismo no es, como uno supondría, un permiso en la tarjeta, sino el criterio del hombre de la gorra, que verifica a ojo —y, hay que decir, con bastante flexibilidad— si las personas cumplen alguno de los requisitos. Cuando finalmente me toca el turno y llego a la ventanilla, resulta que no aceptan tarjetas de crédito o débito internacional, ni bolívares o dólares en efectivo, solo tarjetas de débito expedidas en Venezuela. La señora parada detrás de mí resopla ansiosa, así que me dicen que vaya al molinete de los exceptuados y le explique al hombre mi situación. Le muestro el DNI argentino y me deja pasar. Una vez adentro, espero quince minutos comiendo un caramelo de tamarindo a que lleguen los vagones, viejos y bastante sucios.

El Metro de Caracas era el orgullo de Venezuela. Se construyó en 1983 con el objetivo progresista de conectar la ciudad de este a oeste a través de los diferentes barrios y clases sociales, utilizando la mejor tecnología de la época, con estaciones funcionales y elegantes, algunas decoradas con obras de arte. Hoy es una sombra de lo que fue. La falta de mantenimiento, la escasez de repuestos y la emigración masiva de sus trabajadores —hay ex empleados del Metro de Caracas en sistemas de transporte de varios países— lo han llevado a una situación de virtual colapso, con averías, incendios crónicos por el choque del acero contra el acero, el 95% de las escaleras mecánicas detenidas,[1] descarrilamientos y vagones rotos. Las frecuencias se han ido estirando, de los cinco minutos de otros tiempos a los quince o veinte de la actualidad.

La crisis del metro es una muestra del fracaso gestionario del proceso bolivariano, un fracaso sin medias tintas; alcanza con fijar la atención en prácticamente cualquier área de la administración para comprobar que la *performance* es mala, que los rendimientos son decrecientes y que los usuarios están disconformes. Una realidad que resulta aun más irritante por cuanto contrasta con inversiones que los venezolanos califican lógicamente de absurdas y que suelen explicar, con o sin pruebas, en términos de corrupción y "enchufados", como se conoce a las personas que hacen negocios turbios con el Estado. Cuando algo no se entiende, el peso explicativo se traslada inmediatamente hacia ese lado. Por ejemplo, los 70 millones de dólares destinados a finalizar las obras del Estadio Monumental de Caracas, donde se disputan las finales de béisbol, que cuenta con un sector VIP provisto de restaurante, parrilla y jacuzzi. Y quizá todas estas cosas —el abandono, la negligencia, la irracionalidad— no causarían tanta irritación si no vinieran acompañadas por una retórica pseudosocialista saturante, que últimamente se ha ido atenuando, pero que persiste, como sucede sin ir más lejos con los carteles de la Corporación Ecosocialista Ezequiel Zamora que pueblan las estaciones del metro, o los avisos omnipresentes del plan "Metro se mueve contigo". "Yo creo que todo sería más fácil de soportar si no fuera por el machacón", me dice un joven historiador con el que converso mientras regresamos de una visita a un barrio. "La hiperinflación,

---

1. https://talcualdigital.com/suspendieron-trabajos-de-recuperacion-del-metro-de-caracas-ya-no-hay-obreros-laborando/

los apagones, la falta de agua, la escasez. Creo que podríamos soportar todo mejor si no nos rompieran la cabeza todo el día diciéndonos que, además de tener que aguantar todo esto, estamos construyendo el socialismo".

Convertido en una mímica de algo en lo que casi nadie parece creer de verdad, el Socialismo del siglo XXI recuerda la tesis del Mayo Francés de Raymond Aron.[2] En 1968, recién llegado de un viaje a Estados Unidos, el filósofo francés, que un año antes había provocado a medio mundo con su libro *El opio de los intelectuales*, se encontró con la rebelión de los estudiantes parisinos. Asombrado por el modo en que el país entero se sacudía al compás de las barricadas, las huelgas y los intentos fallidos de apaciguamiento de Pompidou, Aron publicó una serie de artículos en *Le Figaro* que luego reuniría en un librito, *La révolution introuvable*, cuya traducción aproximada sería "La revolución imposible de encontrar". La tesis de Aron, que generó el rechazo instantáneo de casi todo el campo cultural francés, era que Mayo del 68 había sido algo así como un ejercicio colectivo de "psicodrama", una falsa revolución, una revolución que se actúa porque no se ejerce. El poder —sostuvo Aron— nunca estuvo cerca de los estudiantes, que levantaron barricadas más como un gesto escénico que motivados por verdaderas necesidades tácticas, como si estuvieran jugando, a tal punto que las protestas se disolvieron después de semanas de "lucha" con un discurso de De Gaulle de tres minutos. "Un hombre habla y la comedia se termina", escribió Aron.

Esta disonancia —una nota que no es falsa, sino exagerada, dramatizada: actuada— aparece al revisar la breve historia del Socialismo del siglo XXI.

---

2. Le debo esta idea a Pablo Touzon.

Cuando el socialismo se convierte en una mueca

El socialismo como antojo del líder

El primer anuncio llegó el 30 de enero 2005, ante unas 15.000 personas reunidas en el estadio Gigantinho de Porto Alegre en ocasión del encuentro inaugural del Foro Social Mundial. Con el precio del petróleo en ascenso, las misiones sociales en su mejor momento y su legitimidad revalidada en el referéndum revocatorio del año anterior, Chávez decidió que había llegado la hora de dejar atrás los titubeos programáticos e imprimirle un rumbo ideológicamente más claro a su Revolución Bolivariana, al estilo de la célebre declaración del carácter socialista de la revolución formulada por Fidel Castro el 16 de abril de 1961 frente al cementerio de Colón en La Habana. (Solo que, al momento de volcarse al marxismo-leninismo, Cuba había repelido el intento de invasión organizado por la CIA y el dictador dominicano Leónidas Trujillo y soportaba uno tras otro los bombardeos que preparaban el desembarco en Bahía de Cochinos; en tanto que Chávez pronunció su discurso en Porto Alegre en momentos en que el principal socio comercial de Venezuela seguía siendo Estados Unidos).

Anunciado intempestivamente por el líder, el Socialismo del siglo XXI fue desde el comienzo un proyecto de Estado. Es cierto que la llegada al poder del chavismo había generado una importante efervescencia social que activó la movilización popular y dio pie a nuevas formas de organización, pero las líneas maestras del programa socialista fueron básicamente una iniciativa de Chávez, un antojo del líder más que un proyecto revolucionario —aun el de una vanguardia—. Precisemos este punto. Chávez se situó durante años en la cresta de una ola de movilización, pero esa ola estaba lejos de constituir un movimiento revolucionario, por lo que las iniciativas dependían en última instancia de su voluntad, es decir, del apoyo estatal, es decir, de la renta petrolera. Ni revolucionaria como la cubana ni democrática como la chilena,

Chávez encarnaba la vía estatal —y un poco atolondrada— al socialismo.

Una forma de entender de qué hablamos es la parábola del "modelo de la cogestión". Lanzado por Chávez en 2006, el programa de cogestión establecía que el Estado compartiría con los trabajadores la propiedad de las empresas cooperativas, una forma bienintencionada de apoyar el esfuerzo cooperativista con recursos públicos y hacerlo escalar hasta lograr la sustentabilidad económica. El Estado como muleta hasta que las compañías, lideradas por sus propios trabajadores, pudieran caminar solas. El programa resultó muy exitoso en el objetivo de multiplicar las cooperativas, que pasaron de 91.157 a 260.000 en menos de dos años, pero fracasó rotundamente en todo lo demás. Además de los numerosos casos de fraude —cooperativas que al recibir la primera cuota de apoyo estatal directamente desaparecían—, las dificultades económicas terminaron ahogando la mayoría de los proyectos. Fue así que al poco tiempo los trabajadores de las empresas cogestionarias se organizaron en el Frente Revolucionario de Trabajadores de Empresas en Cogestión y Ocupadas (Freteco) y pidieron… la estatización. "Las empresas cogestionarias deben ser propiedad del Estado, es decir, deben convertirse en empresas públicas, y los trabajadores que laboramos en ellas debemos pasar a ser trabajadores al servicio del Estado", reclamaron.

El Socialismo del siglo XXI no solo no produjo nuevas formas de autoorganización popular ni ayudó al surgimiento de esquemas autónomos de producción ni dio pie a proyectos capaces de trascender el capitalismo, como se proponía, sino que muchas veces acabó con las pocas iniciativas que ya existían. Y sumó, en su fase más ambiciosa, la estatización de un conjunto de empresas que por el simple hecho de pasar a formar parte del entramado público eran declaradas automáticamente "empresas socialistas", y cuyos resultados en términos productivos y financieros fueron —como señalamos antes— un desastre sin excepciones.

Pero la dependencia estatal no es el único motivo que explica el fracaso. Tampoco ayudó el hecho de que el primer paso de un modelo que se supone debería estar al servicio del pueblo haya sido rechazado por el mismísimo pueblo. En efecto, la reforma constitucional impulsada por Chávez mediante el referéndum de 2007 establecía, además de la reelección indefinida del presidente, una serie de transformaciones tendientes a "acelerar" el tránsito al socialismo, desde la creación de las comunas y los "consejos populares" hasta la recentralización de los servicios sociales y el establecimiento no de una, ni de dos ni de tres, sino de cinco —¡cinco!— formas de propiedad: las clásicas propiedad privada y propiedad pública y las misteriosas "propiedad social", "propiedad colectiva" y "propiedad mixta".

La propuesta fue rechazada en el plebiscito, en la primera caída electoral del gobierno bolivariano desde su llegada al poder y a pesar de que menos de un año antes, en diciembre de 2006, Chávez había obtenido su reelección por una diferencia de 30 puntos. Por lo tanto, no era un repudio a Chávez lo que habían votado los venezolanos, sino a un proyecto que nadie terminaba de entender del todo. A pesar de ello, y a pesar también de que la Constitución establecía que una vez rechazado un intento de reforma había que esperar al próximo período presidencial para presentarlo nuevamente, Chávez insistió y le ordenó a la bancada oficialista de la Asamblea Nacional que aprobara por vía legislativa lo que la sociedad había impugnado por vía electoral. En diciembre de 2010, pocos días antes de que cambiara la composición de la Asamblea y el oficialismo perdiera la mayoría calificada, el chavismo votó un "paquetazo legislativo" que incluía algunos de los puntos centrales del Socialismo del siglo XXI.[3]

---

3. https://www.sinpermiso.info/textos/venezuela-socialismo-y-comunas

El tercer motivo del fracaso, junto con la dependencia estatal y la escasa legitimidad popular —dos cuestiones evidentemente relacionadas—, fue el tipo de sociedad sobre el cual se intentaba imponer. Lejos de las sociedades preindustriales en las que habían estallado las dos grandes revoluciones comunistas del siglo XX —la rusa y la china—, y lejos también del camino de construcción de movimientos antidictadura como paso previo al giro marxista, como en Cuba o en Nicaragua, Chávez intentó establecer el socialismo en una sociedad plenamente integrada al capitalismo globalizado y habituada a los exuberantes patrones de consumo de los buenos años del petróleo; las estadísticas oficiales cuentan que en 2008, cuando supuestamente estaba atravesando un proceso acelerado de abandono del capitalismo, Venezuela importó 43 millones de botellas de whisky escocés, consolidando su lugar de primer importador de whisky del mundo. (La afición de los venezolanos por el whisky se remonta a los líderes de las guerras de independencia, como Francisco de Miranda, que habían conocido la bebida durante sus frecuentes viajes a Inglaterra y Estados Unidos en busca de apoyo para la guerra contra el imperio español, y a los trabajadores petroleros de las empresas multinacionales estadounidenses que llegaron a comienzos del siglo XX y que lo popularizaron como consumo de moda; suele servirse en vaso de trago alto, con mucho hielo para morigerar el clima del trópico).

Ilustremos la idea con un chiste. En *Koba el Temible. La risa y los veinte millones*, un ensayo autobiográfico que es un ajuste de cuentas con el estalinismo de su padre, Martin Amis se pregunta por qué se pueden hacer chistes con el comunismo, responsable de crímenes atroces y matanzas, y no con el nazismo. No hay una respuesta, pero está claro que es así. Lo demuestran el viejo apotegma de Margaret Thatcher ("El socialismo fracasa cuando se acaba el dinero… de los demás") y los cientos de chistes socialistas que circulan en el mundo de la izquierda. Cada vez que viajo a Madrid ceno con el politólogo Juan Carlos Monedero, fundador de Podemos y dueño de un menú amplio de chistes sobre el comunismo. Transcribo uno. Un hombre se presenta para ingresar al Partido Comunista. El tribunal que lo evalúa lo somete a un examen. Le preguntan: "Si usted tuviera dos casas, ¿qué haría?". "Bueno, dono una al partido y me quedo otra para mí", responde. "Muy bien", le dicen los miembros del comité evaluador. "¿Y si tuviera dos barcos?". "Pues uno para el partido y otro para mí". "Excelente", le responden. "¿Y si tuviera dos autos?". "Uno para el partido y el otro para mí". "Y díganos, si tuviera dos gallinas, ¿qué haría?". "Ah, no, las gallinas me las quedo". Los evaluadores lo miran. "No entendemos. Le preguntamos qué haría si tuviera dos casas, y nos dijo que donaría una al partido. Dos barcos, dos autos, lo mismo. Y cuando le preguntamos por las gallinas, que valen mucho menos, nos dice que se quedaría con las dos". "Lo que pasa es que a las gallinas las tengo de verdad", responde.

Único país del mundo en declararse explícitamente socialista desde la caída del Muro de Berlín, Venezuela quiso cambiar de régimen sin una potencia en la que apoyarse, sin una Unión Soviética que la sostuviera con armas y alimentos, apenas con el respaldo de Cuba, Nicaragua y un puñado de islas del Caribe interesadas en petróleo a precio de saldo. ¿Qué tiene Venezuela de socialista hoy? Parafraseando a Lenin, ni soviets ni electrificación: ni organización socialista ni mejoras materiales.

Al recorrer las ciudades y las calles de Venezuela no queda claro qué hay del nuevo socialismo, ese que quiso construir Chávez por el simple efecto de su voluntad majestuosa. Una economía dolarizada, islas de consumo de hiperlujo, un sector privado al que el gobierno estimula a invertir disolviendo regulaciones ambientales y sindicales, un *boom* de emprendedurismo. La sensación es que nadie, ni siquiera sus defensores, se toma demasiado en serio el Socialismo del siglo XXI, a tal punto que los candidatos del Partido

Socialista Único de Venezuela han ido dejando en el placard las camisas rojas, reemplazándolas por otras de color azul, celeste pastel o, a lo sumo, con los colores bolivarianos. Y lo mismo está ocurriendo con los logos de empresas estatales, en los que el azul comienza a reemplazar silenciosamente al "rojo, rojito", como lo llamaba Chávez. Si en el pasado la llegada a Maiquetía, el desangelado aeropuerto de Caracas, significaba toparse con carteles gigantes de Chávez, Maduro y la Revolución Bolivariana, ahora apenas aparece alguna referencia perdida y muchos letreros de Yulimar Rojas, la campeona olímpica de salto, el último orgullo del país.

El último efecto del Socialismo del siglo XXI es la despolitización. A diferencia de lo que ocurría hasta hace unos años, y de lo que sucede en otros países latinoamericanos, en Venezuela no hay un escenario de polarización bajo las reglas de la democracia electoral, sino un paisaje de fragmentación y desencanto, de creciente distancia respecto de la política y los asuntos públicos, tal como señalan las encuestas y confirma la caída de la participación electoral. Sometida a una cotidianidad dificilísima, la población sufre una desorganización permanente de su vida, sobre todo en los sectores populares, que nunca saben cuánto cobrarán ese mes, cuándo llegará la caja CLAP, si habrá agua, si el metro funcionará, lo que obliga a una búsqueda constante de vías para sobrevivir que implica, sobre todo, un consumo desmedido de tiempo hecho de filas, esperas y reclamos. El resultado es un repliegue sobre la vida privada, la búsqueda de soluciones individuales a través de los emprendimientos más variados, la revalorización de los espacios de ocio y un auge del evangelismo como forma alternativa de darle sentido a la vida.

Epílogo

Hacia comienzos de 2021, superado el desafío de los "dos presidentes", con la economía estabilizada y el poder nuevamente concentrado en sus manos, Maduro reabrió el diálogo con la oposición. Por primera vez en mucho tiempo, las elecciones regionales de ese año contaron con la participación de las principales fuerzas opositoras —que se presentaron divididas— y fueron observadas por una misión de la Unión Europea. Con excepción de Barinas, se desarrollaron con normalidad.

En un contexto más sereno que el de la casi guerra civil de los años anteriores, el chavismo, los principales partidos opositores y Estados Unidos comenzaron a negociar un acuerdo a largo plazo, primero en México y después en Barbados. El primer resultado fue la liberación del empresario chavista Alex Saab a cambio de la entrega de 34 presos norteamericanos. Como en Washington ya no gobernaba Trump, sino Biden, y como la guerra en Ucrania había encendido una vez más las alarmas de la necesidad energética, Estados Unidos concedió un relajamiento temporal de las sanciones para que algunas compañías retomaran sus operaciones en Venezuela, lo que contribuyó, sobre todo con nuevas inversiones de Chevron, a incrementar la producción petrolera. A cambio, el gobierno se comprometió a que las elecciones presidenciales de 2024 fueran limpias, designó un Consejo Nacional Electoral con presencia minoritaria de la oposición y prometió convocar a misiones de acompañamiento internacional independientes.

Pero las cosas volvieron a complicarse. Por falta de información o error de cálculo, el chavismo no pudo prever dos cosas: que la oposición, que en años anteriores había actuado dividida, lograría no solo unificarse, sino incluso organizar una primaria, y que el candidato elegido sería María Corina Machado, la más radical de todos sus dirigentes. En efecto, el 22 de octubre de 2023, la Plataforma Unitaria, que nucleaba a las principales fuerzas opositoras, convocó a comicios internos para definir su candidato para las presidenciales. El gobierno interpuso todo tipo de obstáculos, pero la elección, que terminó desarrollándose en clubes, negocios y hasta casas particulares, fue un éxito; según sus organizadores, votaron 2,4 millones de personas, dato que resultó tanto más relevante si se considera que un mes y medio después el oficialismo llamó a un referéndum por el Esequibo —un territorio en disputa entre Venezuela y Guyana—, con el objetivo de movilizar a su base social, y fue un fracaso en cuanto a participación.

Además, los votantes opositores eligieron a Machado, una dirigente de orientación liberal que históricamente se había ubicado como la más inflexible del heterogéneo bloque antichavista, que rechazó los anteriores llamados al diálogo con "la dictadura militarista", fue parte de la estrategia La Salida e incluso llegó a reclamar una intervención extranjera. Con su rotunda victoria por el 93% de los votos, Machado terminó con la etapa anterior de la oposición y se coronó como nueva líder indiscutida. Aunque al momento de las primarias se encontraba inhabilitada, su plan consistía en que la fuerza popular obtenida y la presión internacional convencieran al gobierno de levantar la prohibición.

Epílogo

El CNE, que había cambiado nuevamente su composición para reforzar su alineamiento con el oficialismo, fijó como fecha de los comicios el 28 de julio, el día del nacimiento de Chávez, seis meses antes de la finalización del mandato presidencial, con la idea de privar a la oposición del tiempo necesario para organizarse, y multiplicó las detenciones políticas, incluyendo las de varios dirigentes cercanos a Machado. Como otras veces en el pasado, el gobierno tenía más incentivos para abrir mesas de diálogo —ganar tiempo, levantar sanciones, mejorar su imagen— que para ceder realmente espacios de poder. Y también, como otras veces, la oposición no logró —a pesar de los esfuerzos de muchos de sus dirigentes— reunir los recursos necesarios para obligarlo. Sencillamente, no acumuló la suficiente fuerza.

Pocos días antes de que venciera el plazo para formalizar las candidaturas, como la inhabilitación se mantenía a pesar del recurso presentado ante el Tribunal Supremo de Justicia, Machado anunció que la reemplazaría como candidata de la Mesa de Unidad Democrática la filósofa Corina Yoris, una académica de 80 años que nunca había ejercido un cargo público y sobre la cual parecía más difícil que el gobierno dejara caer la guillotina de la proscripción. El resto de los líderes opositores importantes —incluyendo a Henrique Capriles, al que también le habían prohibido presentarse— la apoyó, pero el CNE no permitió que Yoris se anotara, lo hizo sin mayores explicaciones, simplemente negándole la inscripción por vía digital y administrativa.

En una noche de locos y al filo del cierre de listas, Manuel Rosales anotó su candidatura por Un Nuevo Tiempo, su propio partido, que formaba parte de la unidad opositora y había participado en las primarias —aunque él no se presentó como candidato—. Gobernador del poderoso estado de Zulia y ex rival de Chávez en las elecciones presidenciales de 2006, cuando fue vencido y reconoció públicamente su derrota, Rosales estuvo proscripto, pasó un año y medio preso en la cárcel del Helicoide, se exilió en Perú y luego regresó a Venezuela, donde fue nuevamente elegido gobernador y logró construir, sin resignar su lugar de oposición, un diálogo fluido con el gobierno. Pero todavía faltaban novedades. Ya vencido el plazo legal, la Mesa de Unidad Democrática anotó la candidatura de Edmundo González Urrutia, un diplomático de carrera de 74 años, ex embajador de Chávez en Argelia y la Argentina, que participó de manera discreta aunque permanente en la articulación opositora, pero que al momento de inscribirse resultaba totalmente desconocido para el gran público. Aunque fue anotado como "candidato tapa", es decir, como un muleto para no perder la boleta, un par de semanas después, tras una serie de negociaciones lideradas por Machado y Rosales, la oposición anunció que González Urrutia sería su único aspirante presidencial. Machado le dio su apoyo, y Rosales renunció a su postulación. De este modo, las fuerzas mayoritarias lograban unificar su representación en la improbable figura de González Urrutia, que nunca imaginó un destino al que se resistió hasta último momento.

Por su lado, también se inscribieron Enrique Márquez, que había integrado el Consejo Nacional Electoral en representación de la oposición; Benjamín Rausseo, un humorista conocido como "Conde del Guácharo", y un puñado de "alacranes", como llaman a los representantes de la oposición tolerada.

En todo caso, la decisión de la oposición mayoritaria de evitar las divisiones, mantenerse en la "ruta electoral", como dicen en Venezuela, y presentar una sola candidatura podría complicar las chances de Maduro, cuya popularidad, según coinciden las encuestas, se mantiene en niveles muy bajos. Cuando escribo estas líneas, a mediados de abril de 2024, el panorama sigue abierto; en primer lugar, no está claro si la popularidad de Machado y el hartazgo con el gobierno serán suficientes para impulsar la candidatura de

Epílogo

González Urrutia, ni si —en caso de que eso ocurra— el chavismo tolerará el desafío. Recordemos que el triunfador en Barinas fue inhabilitado *después* de haber ganado las elecciones regionales. Aunque la oposición parece haber aprendido del pasado y quiere evitar un escenario como el de 2018, cuando Maduro fue reelegido frente a un antichavismo dividido y desmovilizado, no es seguro que vaya a conseguirlo. Y, por último, tampoco podemos descartar del todo una elección competitiva

Como sea, Venezuela entra en las séptimas elecciones presidenciales de la era bolivariana en condiciones dudosas, con la fecha electoral fijada de manera arbitraria, un CNE alineado con el gobierno y un gran interrogante sobre la posibilidad de que organismos internacionales independientes acompañen el proceso. Y, lo más grave de todo, con la principal candidata proscripta, con su reemplazante vetada sin argumentos jurídicos y con otros postulantes conocidos también prohibidos, lo que llevó a que presidentes a menudo condescendientes con el régimen bolivariano, como Lula, Petro y López Obrador, advirtieran sobre la gravedad de la situación. ¿Cuál sería el resultado en un contexto "normal"? ¿Cómo terminaría una elección entre el oficialismo chavista y una oposición sin proscripciones, por ejemplo, un duelo entre Maduro y Machado? Por supuesto, no lo sabemos, por más que todas las encuestas coincidan en una ventaja amplia de la oposición.

Maduro reafirmó su liderazgo coronándose nuevamente candidato. Aunque su poder no sea absoluto —por ejemplo, no pudo imponer a su hijo como aspirante a gobernador de La Guaira, donde gobierna un militar—, su predominio es indiscutido. Luego de unos primeros años difíciles, el presidente logró desplazar a sus rivales internos, superar la crisis económica, crear un nuevo sistema de alianzas internacionales. Parece difícil que en este contexto acepte ceder el poder sin garantías sólidas. Como ya señalamos, el "costo de salida" es altísimo; sin un acuerdo previo que contemple una ley de amnistía o alguna solución político-jurídica del estilo, una eventual derrota electoral implicaría para Maduro no solo perder el gobierno, sino también la libertad y quizá la patria (y con él, la cúpula chavista, los mandos militares y de ahí para abajo hasta poner en crisis un dispositivo que viene funcionando hace veinticinco años).

Al mismo tiempo, el gobierno no quiere volver a los años más difíciles de la crisis y no puede permitirse que le nazca otro Guaidó. La estabilidad que con enormes dificultades logró en el último tiempo, que incluye una tibia recuperación del crecimiento y una disminución de la inflación, resulta fundamental para conservar un mínimo de legitimidad. El problema de Maduro es preservar esa estabilidad proyectando al menos la sensación de que las elecciones son limpias y la democracia sigue en pie. Por eso, la comparación con Nicaragua —la idea de una "nicaragüización"— no resulta del todo pertinente, ya que allí el gobierno de Daniel Ortega prohibió el trabajo de las organizaciones de la sociedad civil, no hay medios de comunicación independientes y la oposición ha sido directamente cancelada, mientras que en Venezuela persisten espacios de libertad.

Una vez más, la comparación resulta insuficiente. Pongo el punto final de este libro volviendo entonces a una idea que planteé al comienzo y que de algún modo recorre todos los capítulos. Más allá de cómo termine el proceso electoral, si los comicios son limpios y la oposición puede presentar su candidato o si el gobierno continúa con sus maniobras hasta terminar cerrando la última ventana democrática, Venezuela seguirá siendo una excepción, una criatura política única.

Gracias

A Svenja Blanke y la Fundación Friedrich Ebert (FES), por apoyar este libro y mis viajes a Venezuela.

A Anais López, coordinadora de la Fundación Friedrich Ebert en Venezuela, por ayudarme en la organización de las entrevistas y los recorridos y por sus conocimientos sobre su país.

A Katharina Wegner, de la FES Venezuela.

A Neller Ochoa, por la buena charla en la parte trasera del jeep mientras volvíamos de un recorrido.

A Andrés Serbin, el más venezolano de los argentinos, por los contactos y recomendaciones.

A mi amigo Mariano Schuster, cómplice de años, por la ayuda inicial.

A Pablo Stefanoni, a quien le debo la idea de "autoritarismo caótico".

A Boris Muñoz, por ayudarme con sus amigos en Venezuela y por el diálogo sostenido desde hace dos décadas a pesar de la distancia.

A Xabier Coscojuela, ex director de *Tal Cual*, por una larga charla sobre la situación política y económica de Venezuela, por su voluntad pedagógica y por sus comentarios a uno de los capítulos de este libro.

A Jaime Pérez, por organizar la visita a Petare y por el entusiasmo con el que me fue contando los diferentes proyectos de Zona de Descarga.

A Roberto Patiño y Luis Palacios, que me llevaron a recorrer el impresionante trabajo social que hacen en Antímano y otras zonas del país.

A Margarita López Maya, que tuvo la generosidad de mandarme su artículo, y a Luis Lander, por la conversación en las oficinas de la FES.

A Edgardo Lander, por ilustrarme con sus hipótesis sobre el futuro político de Venezuela.

A Tomás Straka, por el almuerzo en Canel y por mandarme su extraordinario artículo "Las otras Perestroikas".

A Ricardo Sucre, uno de los mejores analistas políticos venezolanos, por tomar distancia para ayudarme a entender la complejidad de la coyuntura política de su país.

A Ana María San Juan, una de las pocas personas capaces de hablar con el gobierno y la oposición, que me ayudó a matizar algunas ideas y a confirmar otras.

A Omar Zambrano, que me contó cómo sufrió el apagón del 2019, por abrirme sus conocimientos sobre la economía venezolana, enviarme sus análisis y facilitarme el acceso a su excelente blog.

A Keta Stephany, por la información sobre la situación de los derechos humanos.

A Andrés Cañizález, por la charla en mi oficina en Buenos Aires, por su lectura del texto y por mandarme su excelente libro sobre la desdemocratización de Venezuela.

A Francisco Javier Ruiz, Alexandra Martínez, de la Fundación Rosa Luxemburgo, y Lissette González, de Provea.

Gracias

A Martín Rodríguez, que me ayudó a destrabar un aspecto fundamental de este libro.

A Glenda Vieites, que se interesó desde el principio en la idea, y a Roberto Montes, por sus sugerencias y su edición.

A Manuel Sobrado y el equipo corporativo de Insud.

A Hugo Sigman, por la confianza, el apoyo y la libertad.

A Carlos Díaz, socio, amigo, hermano.

A todos mis hijos, que son lo mejor de la vida.

A Marcela. Empecé este libro hace más de cinco años y escribí una buena parte en Luján, cuando la pandemia nos encontró en el campo. Fue una etapa difícil pero también feliz, viviendo entre teros y caballos. Por los dos hijos propios y por los dos con los que vine, por la vida que armamos juntos y porque —aunque no nos lo digamos muy seguido— son muchos años y mucho amor.